zum 66 feb. von Daniel

Daniel Kurjaković

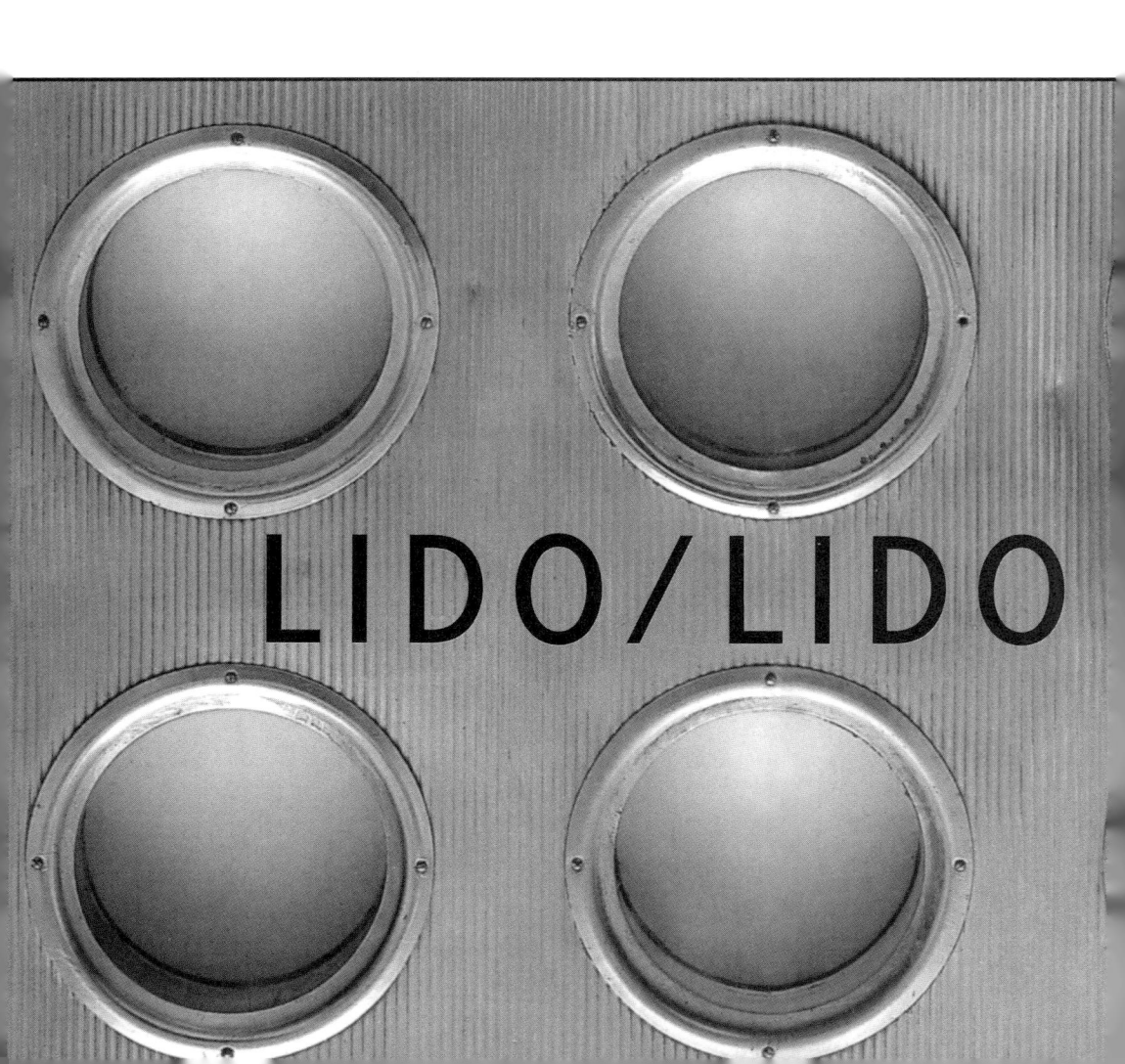

Daniel Kurjaković

MEMORY/CAGE

LIDO/LIDO

Erzählungen
Englische Miniaturen
P.S. (Self-Portrait)

*Fotografien von
Vittorio Santoro und Bernard Voïta*

70er Jahre

Im unabweisbaren Bewusstsein zu spät zu kommen, wenn ich auf das Bild starre, die gerahmten Linien und Flächen, das dazwischen gespannte Licht, die kaum veränderlichen Schatten, die immer und überall quer abfallen an den Gebäuden oder an denen ich für einen Moment quer abfalle, manchmal drei Meter, manchmal fünfundzwanzig, manchmal drei Zentimeter. Der Blick in den Hof, zersplittert in einige Ansichten, Aspekte, wie die alten Maler sagten. Als es unten zischt, ist es bloss Wasser, das auf den heissen Beton ausgegossen wird. Unter den Pinien und Kakteen, unter anderem Gestrüpp scheint der Schatten mehr zu sein als nur ein blasser Schleier. Eine Figur tritt auf den Balkon heraus wie etwas Kleineres lediglich im Kontrast zu den Wohnblöcken. Sie sieht zu mir hin, so wie ich gestern war, zu früh im Vergleich zu heute. Die Zeit bleicht die Wände aus, verdunkelt die Schatten, fügt jener Figur einen Hut bei, lässt den Beton gesprenkelt wirken und die Sträucher ein wenig weiter in die menschenleeren Strassen reichen. Abziehbilder fast übereinandergelagert, fest wie Plastik und doch nicht wasserfest. Das eine Bild bricht auf einer Seite auf, und der Ast einer Palme streicht über die frisch gewaschene Autokarrosserie. In einem solchen Bruch taucht schliesslich auch jener Hund auf, der mit lahmem Fuss entlang der nächtlichen Strasse schiesst, die aus der Stadt hinausführt, ein Stück dunklen Pelzes, der sich auf und ab bewegt, wie bittend hinter den Kolonnen von fahrenden Wagen her, die Ohren die einzigen schwarzen Punkte, und der ganze Körper über den Beton hinweggehoben. Der Körper, als würde er, während ich ihn beobachte, und während sich die Beobachtung mit meiner Erinnerung mischt, mit meinen Bildern, die über diese Erinnerung weit hinausgehen, mit dem Zimmer und den zwei, drei Stimmen ausserhalb, mit dem Gebell eines anderen Hundes (aber warum bin ich so sicher), mit dem Gedanken an den bevorstehenden Ausflug, also mit den üblichen Überlappungen, den Verwicklungen und unsichtbaren Horizonten, der Körper, als würde er sich ständig verschieben, und die Glieder immerzu unmögliche Bewegungen andeuten, so etwa die über das Ohr sich schiebende Flanke, oder als ob sich mein Auge aus verschiedenen Objektiven zusammensetzte, die unabhängig voneinander fokussieren. Die Bilder ändern sich und mit ihnen die Art des Auges. Hinter den gezackten Rändern eines südlichen Baumes tauchen zwei schwarze Punkte auf. Die Blätter des Baumes sind tischgross und von innen wie aufblühende Sonnen. Sie wachsen anders als die Häuser mit den Balkonen, horizontale Hölzer davorgeklemmt, und wie üblich ausgebleicht und noch weisser durch meine Erinnerung. Die schwarzen Punkte sind jetzt Köpfe, was sie wurden durch die Rufe. Die Rufe sind Linien in meiner Erinnerung, die machen, dass es diese Erinnerung gibt, sie sind also Bilder. So kann alles plasmatisch werden, wie das sich ringelnde Fell mit Namen Hund. Der Hund läuft jetzt mehrfach geteilt durch die Strassen, jene die nahe am Meer vorbeiführen, und die so sind, weil der Staat kein Geld investieren wollte. In den Schatten scheint der eine Hund zum anderen zu wechseln, eine kurze Sache ohne viel Aufhebens. Die Schatten bleiben beweglich. Die Kombination der Bauten, die mit dem Hund Horizontalen machen, der alles in Kreise auflöst. Es wird also eine Art gestickte Landschaft, eine Bewegung zwischen Kreisen und Geraden sein. Ich sehe mich dazwischen, wie ich quer abfalle, dann wie die Häuser quer abfallen, dann wie der Hund quer abfällt, wie schon gesagt. Der Hund folgt der Gerade der Strasse bei Nacht, und vielleicht, während ich hier schreibe, der Strasse bei Tag. Jetzt tut er es. Er rennt. Er bewegt sich nach vorne in der charakteristischen Art des kleineren Zurück- und Nach-vorne-Weichens. Das Fell kringelt sich, im Kontrast zur leeren Flasche aus blauem Plastik, an dem Kondenswasser klebt, Tropfen von blau bis weiss, gerahmt von verbranntem Gras. Die Figur zieht in diesem Moment die Hände zurück, die feuchten Hemden, sage ich, hinterlassen rund fünfunddreissig Meter weiter unten auf dem Beton eine dunkle Spur. Zu hören ist nichts. Die Szenerie ist in helles Licht getaucht, nach all den Wechseln von Tag zu Nacht und von Nacht zu Tag. Im Bewusstsein zu spät zu kommen, habe ich dort angefangen, wo Tag war, einiges ist geschehen, einiges lag herum, das zu beschreiben war, einiges zu sagen, von dem ich nicht mehr wusste, wie es wirklich gewesen war, in der Hoffnung, einiges würde besser sein als nichts, einiges, das sich klärte, würde ich nur warten, und ich wartete. Im Warten geht einem vielleicht zuerst der Rücken auf. Ich sage das und meine es wörtlich. Am Rücken geht ein zweiter Rücken auf, an ihm gehen die Poren auf, über die ganze Fläche hinweg, ein Rücken, der genauso gross wie der organische ist und doch nicht bestimmbar, er ist ein zweiter Rücken, der atmet, und durch die Kanäle gelangt eine zweite Luft, vielleicht könnte man sagen, eine zweite Atmosphäre, ein zweites

Klima. Das ist jeweils nur der Anfang und den Anfang brauche ich immer wieder, immer ein wenig anders, doch wir wollen nicht übertreiben. Dann die noch feinere Berührung von irgendetwas, das von hinten ins Haar greift, nein, geradezu an die Schädeldecke, etwas wie ein Luftkissen und aus Luft dieser zweite, zarte Schädel, in dem es zu wehen anfängt, mit einem Ton wie alle Stimmen, wie alle Geräusche, wie alle Farben und wie alle Stoffe, vorwiegend samtweich mit Aufgerauhtem. Nun bin ich schon ein paarmal dorthin gegangen, wo es mich hinführt, wo mich das Bild hinführt, in diesem Zustand, der zweiter Rücken oder zweiter Schädel heisst. Vor Syrakus, aber das spielt längst nur noch eine untergeordnete Rolle, der Küste vorgelagert, dieses Klötzchenland mit den Sozialbauwohnungen, um zu zitieren, aus den 70er Jahren. Vom Meer bis zur Stadtperipherie aufgeteilt in: Stein, Geröll, Gras (sehr trocken), Büsche und kleine Bäume (sehr spärlich), Betonschneisen, eine stillgelegte Eisenbahn, mehr Gras, Abfall (zunehmend), die Strasse, die parallel zum Meer verläuft. Unter dem Abfall eine Büchse (20 kg Inhalt), mit einem Farbdruck, der eine Skyline darstellt, wobei die Häuser eine Linie bilden, ein fronto-paralleles Band. Im Kontrast zum Mikadoprinzip, das oberhalb des Gischt, oberhalb der schlagenden Wellen und der spitzkantig zerfurchten Felsen und unterhalb der trockenen, der von Hitze versengten und vom Feuer geschwärzten Hügel herrscht. Wieder zwei Räume zusammengezogen, die sich teilen könnten, wie der Hund, der im Dunkel der Küstenstrasse (oder der Skyline?) rennt und der sich verfielfältigt durch sein stetes Zusammengehen und Sichdehnen, mit den kleinen Verdrehungen, Faltungen und all den Arten, das Auge des Betrachters zu perforieren.

Nach einer Weile kommt es zu Vermischungen, zu beinah der Konstruktion einer Maschine von Begriffen und ihrer Verkettung, der immer, so man's merkt, Einhalt zu gebieten ist. Immer wieder ist ein Anfang nötig, der dich so dehnt, den ganzen Körper, dass du durchlässig wirst, porös, dünnwandig, dass dein Atem sichtbar wird wie Melasse hinter diesem zweiten Rücken, hinter diesem zweiten Schädel. Mit der Zunge deiner Finger als Film über das ganze Feld verteilt, aus dem sich Bilder erheben, Rauchzeichen deiner Durchlässigkeit, Durchlässigkeit.

Eine kurze Geschichte der Unruhe

Dies ist die Geschichte einer Unruhe. Die Geschichte also von einem, der schrieb, den Unruhe bedrängte. Ich bin derjenige, der die Unruhe hat. Ich könnte eine lange Geschichte schreiben, eine, die weit hinter die Unruhe der letzten Tage zurückgeht. Diese Geschichte hätte mit der Unruhe zu tun, manchmal mehr, manchmal weniger. Auch sie wäre eine Geschichte der Unruhe. Heute schreibe ich nur eine kurze Geschichte der Unruhe.
Ich hebe zu sprechen an, über die Gründe und die eingebildeten und die passenden Ursachen und die Konnotationen und die Ähnlichkeiten, die diese Unruhe mit all dem gemein hat, was mir zu ihr einfällt. Was mich bedrängt, was mir in dieser Bedrängnis, welche die Unruhe ist, zu sagen einfällt, sich mir ergibt. Ich werde also plötzlich merken, dass diese Unruhe gleichzeitig grösser und kleiner wird, während ich schreibe, schreibe für eine kurze Geschichte der Unruhe. Ich könnte mit einer Erinnerung beginnen, ich könnte von einem Liebesabenteuer erzählen, aber sobald ich beginne, so zu erzählen, wozu ich mich erinnern muss, und also über die Liebe, das Abenteuer mit ihr erzähle, oder über ein Gespräch mit einem halsstarrigen Menschen oder eine mühsame Arbeit oder über die Ansprüche von Menschen um mich herum, erzähle ich nicht die Geschichte einer Unruhe, und das wollte ich ja tun, und das werde ich jetzt wieder zu tun versuchen.

Ich werde also die Erinnerungen nicht erzählen, obwohl sie alle Grund und Ursache meiner Unruhe sind, aber diese Unruhe ist interessanter, wenn sie gleichzeitig meine eigene ist und noch mehr meine eigene wird, zusammen mit den Gründen und eingebildeten und passenden Ursachen und den Konnotationen und Ähnlichkeiten. Zusammen mit ihnen allen wird das eine Unruhe, die nicht mehr nur meine eigene ist, dadurch nämlich, dass sie mehr meine eigene geworden ist, und das ist eine wirkliche Unruhe.

Viele Menschen haben Unruhe und ich bin einer unter ihnen, aber ich möchte diese Unruhe mehr haben als sie, ich möchte sie länger haben, und ich werde versuchen, eine zu haben, also länger zu haben, indem ich schreibe, indem ich trotzdem schreibe. Es ist ganz einfach, sonst hielte ich diese Unruhe nicht aus, ich hätte nichts von ihr, was schwieriger ist, als sie nur kurz zu haben, das verstehen Sie wohl. Also geht es darum, kurze Unruhen zu vermeiden und daraus lange Unruhen zu machen. Ich schreibe also, so meinen Sie, um eine lange Unruhe zu machen, und Sie haben recht, aber das bedeutet überhaupt nichts, das hilft Ihnen nicht weiter. Was weiterhilft, weiss ich nicht.

Ich werde die Anrufung Ihres Namens hier abbrechen, weil ich sehe, dass ich meine Unruhe anders werde verlängern müssen, das Zwiegespräch mit Ihnen fängt jetzt an, mich entweder an Ihre Stimme, die ich nicht kenne, zu erinnern, oder eine Stimme zu verfestigen, die zu kennen, der Angelegenheit meiner Unruhe, nichts wird hinzufügen können.

Ich werde also jetzt schreiben, wie ich mich in der Wohnung unruhig von einem Ort zum anderen bewegte, wie ich mich aufs Bett niederliess, die Zeitung in die Hand nahm, darin blätterte, eine CD auflegte, ein wenig Musik hörte, einen Tee bereitete, etwas Käse und Brot ass, dann wieder hin- und herlief, das Telefon anschaute, ich erzähle dies als eine passende Wirkung meiner Unruhe und sehe, dass dies meine Unruhe nicht länger macht, und es ist wichtig, kurze Unruhen zu vermeiden und daraus lange Unruhen zu machen. Ich werde also das Ganze verlängern, zerdehnen, und daraus, glaube ich, wird eine kurze Geschichte der Unruhe hervorgehen. Was hervorgeht, wird keine Spuren der Unruhe mehr tragen, denn die Unruhe ist etwas, das mit Spuren herzlich wenig gemein hat.

Dass jetzt ein Wort dem anderen folgt, hat mit Unruhe zu tun, ich spüre das, während ich schreibe, ich weiss nicht, ob man das spüren wird, wenn man es wieder liest, aber das hat nicht mehr mit Unruhe zu tun und spielt für diese kurze Geschichte der Unruhe keine Rolle, wirklich keine.

Es könnte als eine unpassende Wirkung verstanden werden, aber mich beschäftigt hier allein die Unruhe, wie sie sich ausdrückt, wie sie sich abspielt, die Gründe und die eingebildeten und passenden Ursachen und Wirkungen und die Konnotationen und Ähnlichkeiten, die diese Unruhe mit all dem gemein hat, was mir zu ihr einfällt. Wie ich oben sagte.

Es hat lange gedauert, bis ich gemerkt habe, dass das Problem darin bestand, dass meine Unruhe kurz war, kürzer werden wollte, unablässig, und so wäre sie kürzer und kürzer geworden, bis ich sie nicht mehr gehabt hätte, und das heisst nicht, dass sie verschwunden wäre. Das sieht jeder ein, der sich wirklich überlegt, was es mit der Unruhe auf sich hat. Was hat es mit der Unruhe auf sich.

Schwierig ist, dass man niemandem sagen kann, wie die Unruhe wirkt, man kann sie nicht erklären, niemandem erklären, das ist das schwierige daran, und das wird jeder einsehen, der selbst schon einmal versucht hat, seine Unruhe länger zu machen und nicht kürzer werden zu lassen. Was es so schwierig macht, sie zu benennen, sind die Gründe, Ursachen, das Passende und Eingebildete, die Konnotationen und die Ähnlichkeiten, von denen jeder eine Menge hat. Deshalb ist das allen klar.

Was mit der Unruhe zu tun haben könnte, ist vielen klar, und ist dies nicht das Problem. Solange alle immer nur von Ursachen, Gründen, Passendem und Eingebildetem, von Wirkungen und Ähnlichkeiten, und was einem sonst noch einfällt, sprechen, hat es wenig mit der Unruhe zu tun.

Also reicht es nicht, die Unruhe zu verlängern. Man kann handeln, schreiben, sich plustern, das wird die Unruhe nur kürzer machen, obwohl alles viel länger dauert zu Anfang. Tatsächlich wird die Unruhe dabei kürzer und kürzer, und das ist nicht, was wir wollen, was wir wollen, ist die Unruhe wirklich länger machen.

Natürlich versuchen Menschen immer wieder, ihre Unruhe länger zu machen, und es ist klar, dass es einigen gelingt und anderen nicht, aber wissen können wir darüber nichts, rein gar nichts. Man kann die Menschen dabei beobachten, wie sie Unruhe haben, aber viele haben zuwenig Unruhe, viele haben ihre Unruhe zu kurz, und das hat natürlich mit der Uhrzeit nur sehr wenig zu tun. Ihre Unruhe gerät zu kurz, sie stürzen sich geradezu auf die Aufgabe, diese Unruhe kürzer zu machen, und nicht alle können verstehen warum, ich verstehe nicht warum.

Die Unruhe kürzer machen zu wollen, ist sehr unnütz. Alle verstehen nunmehr, dass sich die Unruhe nicht auflöst, wenn man sie kürzer macht. Wenn sie sich nicht auflöst und doch nicht mehr sichtbar ist, ist das offensichtlich ein Problem, und viele Menschen haben dieses Problem, und trotzdem machen sie ihre Unruhe kürzer, wenn sie eine haben, anstatt sie länger zu machen, möglichst lang zu machen, und das ist wirklich unsinnig, aber so ist es.
Wenn mehr Menschen wüssten, dass schon eine kleine Unruhe reicht, dann wüssten sie wirklich mehr. Sie wüssten auch, dass sie sich darum bemühen müssten, diese Art von Unruhe möglichst gross zu machen, wirklich gross, und sie würden zusehen, wie die Unruhe langsam grösser wird, während sie sich bemühen. Und das wäre wirklich einmal Applaus wert, for a change. Es gibt nichts Schöneres als solche, die aus einer kleinen Unruhe eine grosse machen, und diese Art von Schönheit hat natürlich nichts mit hübsch zu tun, was jeder bezeugen könnte, der sich bemüht.
Was dabei mit jedem einzelnen geschieht, während er die Unruhe grösser macht, ist so verschieden wie die Gründe und Ursachen und Ähnlichkeiten und Wirkungen, und das hat mit Schönheit sehr viel zu tun. Aber am besten ist, dass es durch und durch schön gar nie wird, das werden nur einige verstehen wollen, ich verstehe es, und deshalb sage ich es.
Ich erzähle mit wechselndem Erfolg von der Unruhe. Nunmehr wird jeder verstanden haben, dass ich nicht die Menge des verbrauchten Papiers meinte, als ich davon sprach, die Unruhe länger zu machen, und dass viele Menschen auf verschiedene Weise, weil es gar nicht anders geht, ihre Unruhen länger machen, ich schreibend.

Was ich jetzt noch sagen muss, aber ich könnte, daran sei erinnert, noch vieles sagen, und all das wäre wirklich sehr wichtig, ohne dass ich es tatsächlich sagen muss, was eben nichts an der Wichtigkeit ändert, ist, dass es keinen Sinn macht, allein darauf zu hören, was ich sage. Ich hoffe, die meisten werden das jetzt verstanden haben, dass es keinen Sinn macht, auf das Gesagte zu starren. Anders als bei der Unruhe spielt es keine Rolle, ob sich jemand das Gesagte lange oder kurz vor Augen hält.

Wenn dies jemand nicht versteht, bedenke er nur all die passenden und eingebildeten Ursachen und die Gründe, die Ähnlichkeiten und Konnotationen, all das, was einem zur Unruhe einfällt. Das wird bei allen dazu führen, dass sie eine Vorstellung davon gewinnen können, wie die Unruhe sich macht und wie man sie verlängert, aber es wird niemandem die Arbeit abnehmen, und ich habe sie schreibend gemacht. Man kann sie auch anders machen, und das werden nicht alle verstehen, ich verstehe es. Das war also einiges über die Unruhe.

Lido

Ich werde es schreiben, um weiterzugehen vor der Wiederkehr an die Orte, die ich sah. Ich werde es schreiben, um vor den Bildern da zu sein, in einer anderen Zeit verschieden von ihnen. Das Hotel der Strand die Spuren im Sand ein Holzstumpf Schwemmgut. Ich zitiere. Nachher werde ich mehr schreiben, wie ich es sehen werde, wenn ich es schreibe. Also jetzt. Wir stiegen in ein Traghetto, ich schreibe es, um zu erzählen, und setzten über, ich werde es so sagen. Jetzt versuchen zu verstehen, wie es geschehen ist, wie es geschieht. Also bedeckter Himmel Sand Tierspuren die Stimme eines übenden Sängers, der hinter uns war. Wir sahen ihn nicht. Da war Flieder, war grün, waren gelbe rosa blaue Blüten. Ich zitiere, um es zu erzählen. Er ging an uns vorüber, ich rief ihn zurück, da war er wieder hier. Ich schreibe es, wie er zurückkam auf meinen Ruf hin und die Türe aufschloss, damit wir auf die Strasse gelangten. Man konnte sonst die Seite nicht wechseln. Man hätte auf der einen Seite bleiben müssen. Wir aber wollten nicht bleiben, wollten weitergehen. Alle gingen, weshalb ich ihn rief, und er zurückkam, nachdem er gegangen war. Er liess uns über die Schwelle, ich zitiere, ich meine es so und dann anders. Deshalb sage ich es. Das ist jetzt, das andere war vorher. Es ist jetzt und kommt nach dem, was vorher war und jetzt kommt. Wir stiegen in ein Traghetto und setzten über. Ich werde in dieser Reihenfolge erzählen. Ich sage es auf eine Art, und andere werden es auf andere Art sagen. Aber ich sage es. Deshalb schreibe ich es. Ich werde jetzt zu verstehen suchen, wie es geschehen ist, was sich abspielte. Wie es geschieht, und was sich abspielt. Das ist jetzt und es ist anders als das, was vorher geschah und sich abspielte. Aber vielleicht ist das nicht wichtig. Es wird immer anders sein, deshalb sage ich es jetzt, so wie sonst nie. Meer schlug ans Ufer. Wir gingen. Ich werde es schreiben gemäss den Bildern, die erst noch kommen. Sie kommen immer ein wenig anders. Ich sage es. Dann kommen sie, und sie werden anders sein als andere Bilder, auch wenn der Unterschied nur klein ist. Wenn ich es sage, wird es sein. Er sang, als er uns passierte, und es war beileibe keine Sirene. Da hätte ich wetten können. Ein Dritter wird es anders sagen, als Mythos erzählen. Ich schreibe keinen Mythos. Welt und leer. Wir hatten den Markusplatz hinter uns gelassen, die Verkaufsstände die Fahnen im Wind die gerippten Fassaden die Schwüle die Pflastersteine die winkligen Gassen das stehende Wasser die Bewegungen der vielen das Geflimmer der Farben. So dicht standen sie beisammen, dass die Zeit keine Chance hatte. So deklamiere ich, aber ich werde für ein Ereignis schreiben. Ich sage es so, ich schreibe es also. Der Lido mit einer Hauptdurchgangsstrasse wie ein grosser Konstruktionswinkel. Ich erzähle es so, einfach. So über die schmale lange Insel gelegt, im rechten Winkel, versteht sich. Ich sage es, damit es verstanden wird. Nachher, wenn ich es gesagt haben werde, und es geschrieben steht. Ich sage es, um zu erzählen. In der Mitte des so gebildeten rechtwinkligen Dreiecks, also auf der Hypothenuse, ragt ein Gebäude auf. Ich sage es so. Die Mauern des Casinos trieben einen Keil zwischen die Zeit der Menschen und die Zeit der Architektur. Die Zeit machte, dass es die Menschen gab und dass es die Architektur gab. Ich sage es so und schreibe es und warte und sehe, ob dies etwas wird. Wir gingen entlang dem Streifen, den die Strasse vom Binnenrechteck abtrennte, das Meer und anderes arrangierend. Das Casino schien vom Strand aus noch grösser, aber das war vorher, und wir waren jetzt im Casino. Später werden wir es wieder verlassen haben, und das schreibe ich jetzt. Ich werde den Standpunkt ändern müssen, und ich werde es neu sagen. Später jedoch. Ich betrachtete die Glasfassade. Ich sah aufs Meer hinaus. Zweimal durchsichtig. Wir gingen weiter, das schreibe ich jetzt. Ich erinnere daran für alle Vergesslichen unter uns. Aber gesagt habe ich es bereits. Das schreibe ich jetzt, bevor später wird, was war, aber anders. Die Farben im Inneren des Casinos stiessen nur auf Desinteresse. Das will ich erzählen. Die Lüster, wie Akaziensträusse aus Glas, ich zitiere, deren Licht gelb war. Die Strasse war nicht grau, ein bisschen gelb wegen dem Strandsand, verweht. Es rückt einiges zusammen. Ich sage es, aber ich spreche nicht von Bildern, denn jetzt sage ich es. Die Ruhe lag unumstösslich vor uns. Sie konnte uns also nicht gehören. Sie gehörte jenem Raum, den wir noch nicht kannten, und den ich erst jetzt erfahre. Langsam, denn ich beschreibe ihn so, wie ich es jetzt tue. Vielleicht nicht ankommen. Den einen Fuss auf die Schwelle möchte ich gesetzt haben, unterwegs sagen. Wenn ich schreibe, gibt es eine Schwelle. Wenn ich es sage, schreibe ich es. So will ich das verstehen. Das schreibe ich. Der Wind fährt uns durchs Haar. Wissen, wie sie alle warten. Sie bewegen sich in Gruppen, ihre Körper sehr nahe. Man möchte einander nicht verlassen. Die Ängstlichkeit vieler, das Geflimmer vieler, das schreibe ich so. Nachher also werde ich es denken, den Zusammenhalt. Wie sie einander instinktiv nicht von der Seite weichen. Wie sie immer in der Nähe der Worte des anderen verweilen. In der Nähe des Schlags. Improvisiere ich. Ich rezitiere, empfinde es nicht. Das schreibe ich jetzt. Sie werden es nachher empfinden und vielleicht gar nicht. Es scheint möglich, aber was für eine Art Sicherheit ist das. Ich könnte es auch ganz anders schreiben, aber ich erzähle. Wie Futter von innen. Ich könnte auch etwas anderes tun als schreiben, aber auf die Unterschiede komme ich später zurück. Die Strasse war schnurgerade. Das schrieb ein anderer. Ich habe es entliehen, als ich herumblickte. Ich werde es später schreiben, später mehr sagen, wenn ich schreibe. Das wird eintreffen. Vieles wird eintreffen, und ich schreibe es jetzt, aber es wird vielleicht alles oder vieles anders kommen. Wird es anders sein. Es wird sich bis kurz vor Schluss ereignen. Ich schreibe also, und ich bin immer wieder hier. Dann gehe ich. Ich halte ein wenig ein und weiss nicht, ob ich vielleicht schon angekommen bin. Ob ich vielleicht schon wieder losgegangen bin, wenn ich jetzt schreibe. Ich weiss nicht wann. Das war vor allem. Wenn ich es jetzt schreibe, Passage gelbe blühende Zitronen gelangweilte Portiere. Jetzt schreibe ich, dass das Warten sehr gross war. Auf etwas warteten sie, sie standen lediglich da, und es schien, sie warteten, und das war gerade erst geschehen. Ich bin hier, und es geschieht immer noch. Also behaupte ich, sie warten noch immer. Wind in der Strasse, die sie betrachteten. Autos kurvten umher, die Fahrradfahrer die Kinder die Männer, und unten schlug das Meer. Es wird gleich noch stärker schlagen, auch wenn ich es nicht mehr schreibe. Es wird schlagen wie immer. Ich sage es kühn, doch erst, wenn ich es geschrieben haben werde, auch wenn es vorher, also vorher, schon längst verebbt ist. Ich werde es schreiben, und also wird es vielleicht eine Brandung sein oder stilles Gewässer oder aufspritzender Gischt, der den Pier benetzt, und uns als tote Körper auf den Grund sinken lässt. Ich werde da sein. Es gesehen haben. Nachher dort sein. Vielleicht jetzt. Vielleicht schon die ganze Zeit da sein und schweben. Solange ich schreibe und empfinde, werde ich… Nachher. Je mehr ich hier bin, desto mehr werde ich dort sein. Ich werde mich also heftig für hier entscheiden. Dann werde ich vorher schon dort gewesen sein, nachhher auch dort sein mit dem Wind dem Sand den Strandkabäuschen dem Sänger verirrten Touristen einem leeren Speisesaal. Niemand wird aus dem Norden kommen und in dieser Stadt sterben, ich zitiere, ich schreibe. Entleihe es, und deshalb stirbt jetzt niemand. Das ist vorbei. Also schreibe ich es später, denn es war schon früher ein Plateau, Strandarchitektur, die etwa hundert Meter ins Meer hineinragt, als möchten Schiffe andocken und dicke Millionärinnen an Bord steigen. Die Verfrachtung auf malerische Inseln, ich schreibe, die Tagesrundfahrt. Frei erfunden. An die achtzigtausend Lire. Es war dort, als ich es empfand, und jetzt ist es wieder hier. Doch schreibe ich es vorher, nachdem es nie gewesen war. Spielt das eine Rolle und wenn ja, welche. Es gibt wichtigere Dinge. Als wir die Treppe hinabstiegen. Das war später. Nach den Millionärinnen hielt ich oft inne, und es war alles gleichzeitig offen und zu nah und fern. Aber das sage ich jetzt, also schreibe ich es so. Seine Brust war behaart, und ich empfinde es so, ich erfinde es so. Jetzt. Also schreibe ich es. Ich weiss nicht, ob es so war, ich schreibe es später, bevor ich es sehen konnte, bevor es wirklich wird. Ich schreibe für später, ich sage es jetzt. Ich werde warten, die meiste Zeit warte ich, das weiss ich. Ich weiss es und werde es später schreiben, bevor es erneut geschieht, es wird keinen grossen Unterschied machen. Doch es gibt wichtigeres als dies. Horchen, ob es wichtigeres gibt. Es wird sich ereignen.

Lunarama

Bei Nacht dieses schneidende Geräusch von Autos im Regen. Wie die Erinnerung Schneisen schlägt ins Denken. Das Surren der hohlen Wasserleitungen im ganzen Haus. Diese Empfindung in meinem Hirn wie Watte, als wäre jede Bewegung in die Zukunft oder in die Vergangenheit vergeblich. Immer wieder das Bild der Reifen, die das Wasser auf den Strassen verdrängen. Ich spanne mich, um diese Mauer zu durchbrechen, die mich die Dinge nur aufgrund oberflächlichster Töne erahnen lässt. Ich werde mich ihnen entlanghangeln, bis sich an der Nabelschnur endlich die Ansicht eines Körpers einstellt. Ich werde mich nicht mit diesen Tupfen, diesen nassen Stellen auf der Wand zufriedengeben, diesem eingesogenen Schattenspiel. Die ganze Nacht wird sich dieser Strang aus Fleisch spannen, unablässig. Werden sich die Augäpfel spannen, um das fleckignasse Ornament auf der Mauer zu durchstossen. Dieses Spiel werde ich wiederholen, solange bis ich wieder weiss, was es mit meiner Haut auf sich hat. Bis ich spüre, was sie womit verbindet und was trennt. Es gilt zu warten. Und zu beharren auf dem tauben Grau der Empfindungen. Warten, bis etwas Erstes wieder flockig wird, wieder weich wird, sich die Ränder der Formen zu verschieben beginnen. Bis die Schattenzeichnung in Schwingung versetzt ist. Es gilt zu warten. Ich kann nichts anderes tun. Die Knöchel am Fussgelenk drücke ich gegen die Haut, lasse sie kreisen, so dass der Mantel aus

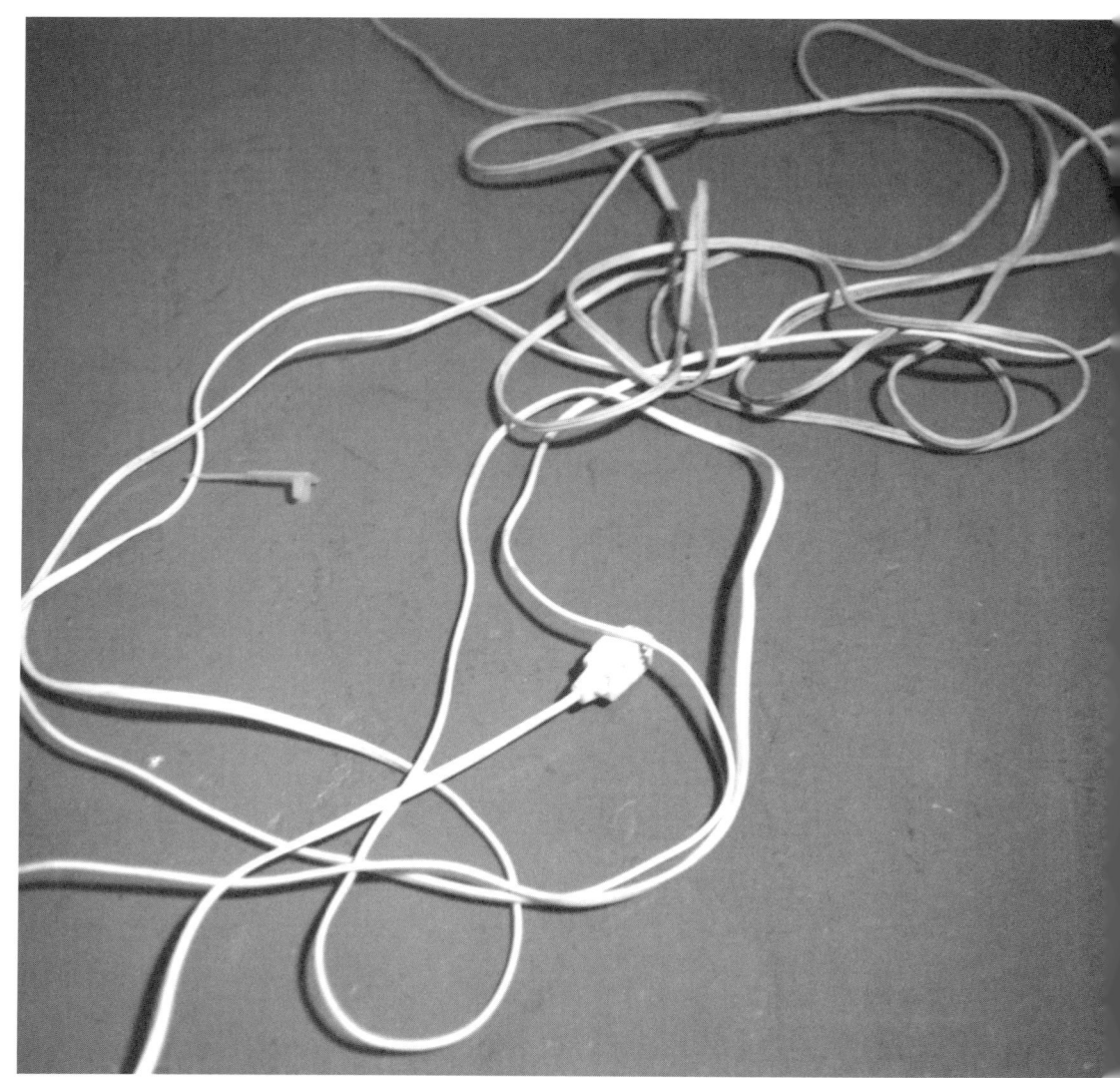

Haut von innen gestreichelt wird. Warten und sehen, wie der Regen über die Autos rieselt. Sollte ich mit meinen Fingern über das harte Metall fahren, ein paar frische Tropfen auf die Fingerkuppen laden, sie dann über meine Stirn streichen, als wäre es eine Wandmalerei. Ich werde ausharren, ahnen, wenn ein Wagen über den nassen Asphalt naht. So anders als der Rauch, der mit fortschreitendem Abend den Raum füllt. So anders als das halblange Gras auf der Kuppe, in der Nähe der Krete, das sich weich im Wind biegt. So anders als der tiefe, schwere, glitzernde Schnee, durch den uns Vater den Weg weist. Ich werde warten. Auch in den Spiegelungen der Fenster der gegenüberliegenden Fassade die Tiefe des Raumes durchmessen, welche die Dinge sonst verstellen. Mit den Wagen wieder das Gefühl für Distanzen gewinnen, die an ihren Reifen kleben, zur dunklen Masse verdichtet. So anders als das Meerwasser, das gefangenes Sonnenlicht auf meine Schulter deponiert. Bis die Bilder Risse bekommen, und ihre Atome konzentrisch in den Raum versprengt werden in Überschall. Von oben werde ich auf die Stadt blicken, auf das aus der Erde gestülpte Mauerwerk, an dessen äusserstem Rand der schaumige Kranz der Wellen leckt, wie geronnene Milch. So anders als der feuchte Waldweg, auf dem meine erste Liebe mir hinterherstakste. So anders als der erste fremde Speichel in meinem Mund. Ich lasse mir den Schrecken nicht anmerken. Ein Bild nur für fremde Augen. Bild sagen nur Philosophen. Tatsächlich wirft das Lunarama nur die kahle Wand der Küche zurück, als sässe ich in einem Diapositiv, mit vielfachen Flächen, Reflexionen. So anders als die stinkenden Kippen. So anders als das leicht geneigte Schneidebrett, um das sich wie ein Burgring ein Kanal legt, voll von Tierblut. So anders als die aufeinandergeschichteten Bücher, die mit ihrer Masse die Buchstaben zu erdrücken drohen. Unendliche Reihen einer sinnlosen Ordnung, die wie Regenfäden herabstürzen, wie die Titel aus einem Kinoprogramm: Kuhle Wampe, State of the Union, Lost Horizon, Yankee Doodle Dandy, Ich wurde geboren, aber..., Shall we dance? Ich werde warten. Mit der Lanze in der schmerzenden Hand, mit einem Fernrohr aus blindem Glas, mit den klirrenden Glühbirnen. Fuuiit! Werde ich je anders können, als mich zu zitieren, um mir nachzuschauen wie sich kringelndem Rauch, der dem auf das Dunkel hin geöffneten Fenster zustrebt. Wer war dieses Kind, das Sand, viel Sand auf die Schaufel lud, um es wie einen wildgewordenen Wasserfall wegzuschleudern. Ein Schmetterling, der über dem Ölfeld wippt. Ich warte, ich sehe mir zu, wie ich das Objektiv den Strassenrand entlangführe. Wo sich billiger Kiesbeton in das rauhe Grün frisst. Die stachligen Stangenblumen pendeln hin und her, am Hang, weit unter der Hochebene, die vor mir einige streunende Hunde erkunden. Ich biege nach links, erklimme eine steile Treppe, tätowiert von den Bahnen unsichtbarer Ameisen. Exkrement trocknet in der Sonne. Ich finde mich in einer Pose wieder, die den ersten Ethnographen gut angestanden hätte. Das Gerüst aus starrenden Drähten und locker modelliertem Beton (wie Gänsefedern) lässt mich mit den Achseln zucken. Nicht einmal die verstorbene Grossmutter hätte in diesem Gebäudeskelett einen Fisch erkannt, gestrandetes Riesending, nachdem sich das Meer der Zukunft zurückgezogen hat. So anders als die deplacierten Kaffeebohnen im orientalischen Gebäck. So anders als die Schleimspur, die die Schnecke auf den Rücken meiner Hand zeichnet. So anders als der tiefe Schnitt in Daumen und Zeigefinger. Ungerührt füllt er das Trinkglas mit der roten Flüssigkeit. Sieht jeder, wie die Zeit das Warten verdrängt hat. Ein Hüsteln war das zweifellos, als wollte jemand das Bild verleugnen, das sein Gesichtsfeld blockiert. Immer noch klopfen die Absätze der Ruhelosen auf die Strasse, doch die Erde wird sich nicht auftun. So anders als das samtene Moos, das Saft zwischen meine Zehen hindurchdrückt. Von oben bis unten mit Joghurt hätte ich mich beschmieren wollen. Wenn ich warte, setzen seltsame Dinge ein. Um mich vor den Bauern zu schützen, soll ich mir die Hoden mit dem angetrockneten Quittengelee einschmieren, das würde sie ablenken, meint Grossmutter. Dieser Wirrkopf. So anders als der Glanz des nassen Laubs. So anders als das schimmernde Gefieder der Schwalben, die den Himmel verdunkeln, so dass der Text unlesbar wird. Ich werde weitergehen, in der Sonne, auf die Landschaft die Fata Morgana meiner Erinnerungen projizieren, sie in Reihen ordnen, sie zu Perlenschnüren binden, die ich um meinen durstigen Hals drapiere, sie im Moment des Verschwindens an der Schleppe fassen, die wie gleissende Hitze am Horizont flirrt, sie schablonisieren, sie etikettieren, sie, bevor sie meine Hand berührt, wie ein Mikadospiel ausstreuen, mit dem Lineal eine Gerade ziehen, wie ich es in diesem Moment und schon lange mache, um zu sehen, wie sich die Phänomene anordnen, schwebend oder durchstrichen. Die Sonne geht unter, der Fisch schlägt mit seiner Flosse aus, wiehernd zieht sich die Zeit zurück, hinterlässt aufgerissene Felder und nacktes Gestein. Dort unten sehe ich mich stehen, ich warte, und weit hinten zieht die erste Karawane vorbei.

Ich gehe im Wald

Wald, ich gehe im Wald, ich werde davon erzählen, ich werde mir zuhören, um zu sehen, wie ich mich erinnere, also Wald, und ich gehe. Ich gehe hier, inmitten von Laub, inmitten von Bäumen, deren Wuchs spitzwinklig nach oben strebt, die nach oben entschwinden, nicht nur wegen dieser Trauer. Ich gehe jetzt noch einmal, also nicht nur wegen dieser Trauer. Die Trauer hatte zu tun mit Angst. Ich ging im Wald, Laub und Bäume, aus Angst. Ich schreibe von der Angst und dem Ort, an dem ich Angst empfand und Verzweiflung. Das Laub raschelte unter meinen Füssen. Ich setzte mich auf einen Baumstumpf, barg mein Gesicht in die Hände. Wenn ich dies erzähle, erzähle ich die Distanz zwischen Baumstumpf, Gesicht, den Händen und meiner Angst, von der ich glaubte, sie sei Trauer, und damit fing ich ja an. Ich fing an, als ich mich erinnerte, wie dieses Gefühl da war, ich fing damit an. Aber in kürzester Zeit wurde es anders. Und habe ich deshalb noch einmal begonnen. Wald. Ich ging im Wald, so erzähle ich mir, so entwinde ich mich mir, das Rascheln des Laubs, und mein in die Hände geborgenes Gesicht, noch einmal. Ich war nicht hier und doch diese Verdichtung. Ich spürte, wie es über mich kam, und dann setzten sich die Bilder in Gang, ich klinkte mich ein in den Fluss der Bilder, und die Verdichtung begann, und der Druck begann. Aber natürlich war das ein glückbringender Druck. Ich begann. Hatte Angst und als ich begann, hatte ich also

Angst. Ich begann. Es wird ein weiteres Mal das Sichausdrücken aufgrund eines Drucks gewesen sein, ich konnte es schon ein paarmal beobachten. Ich werde immer wieder so begonnen haben, sage ich jetzt. Es gibt mehrere Schattierungen, und jetzt spreche ich von den Bildern, dem Wald, ich könnte vom Baumstumpf sprechen und vom Gesicht, das ich in die Hände barg. Es ist so, dass sich den Bildern andere anschliessen, es ist diese Berührung, die sie kennen. Es gibt sie immer, aber von den Bildern will ich jetzt nicht sprechen. Also diese Verdichtung. Bilder. Und ich beginne, ich sage, ich beginne, aber vielleicht setze ich eher ein. Es ist so, dass ich dann anhob, und ich begann, ich nahm an mir teil. Das definierte die Regeln des Spiels, das im Gang war, das bereits im Gang war, neu. Alle wissen davon, alle, die sich in einer Situation wiederfinden, in der Verdichtungen geschehen, an denen sie teilhaben, die sie sind, ohne zu wissen, dass es bereits geschieht. Wald, Laub, der Baumstumpf, die Angst. Wochen schlimmster Befürchtungen waren dem Gang in den Wald vorausgegangen, das war eine kleine, sehr enge Welt, in dieser Welt war für nicht mehr Platz als für mich und die Angst. Ich glaubte, ich müsse sterben. Es war schlimm. Es kam über mich, Bilder setzten ein. Ich weinte viel. Ich bat. Ich wollte es nicht soweit kommen lassen. Ich erinnere mich daran, ich nehme nicht mehr teil daran, ich erinnere mich. Etwas in mir erinnert sich daran, deshalb schreibe ich jetzt. Ich wollte nicht sterben, das klingt fremd. Das war fremd nicht damals, damals. Wusste ich damals, was es war. Es war Angst. Ich sehe mich. Mein Gesicht in die Hände geborgen. Immer diese Verdichtungen, sie werden dazu geführt haben, dass ich schrieb, jeweils in diesen Augenblicken. Das ist eine Eröffnung. Das ist keine

Assoziation, wie wenn ich mich jetzt erinnere an den Ausblick, den Blick über das Tal, als ich mich auf den Berg hinauf begeben, als ich die Krete erreicht hatte und hinab sah. Ich sah die Stadt in der Ferne, und es war leise, die Stadt war leise, sie war fern. Vielleicht schon in einer anderen Geschichte, in einer anderen meiner vielen Erkundungen. Das sollte man sich merken, diese Verschiebung. Ich ging und ich blieb nicht am selben Ort, keine Metapher in Sicht, so war es und so tat ich es. Der Wald, der Berg, das Laub, der Ausblick, der Weg, der hinauf- und hinabführte, das Gesicht, in die Hände geborgen. Ich werde mich langsam weiterbewegt haben. Aber es gilt zurückzugehen, zurückzugehen in diesem Moment, der sich abspielt, die Antwort auf den Druck. Wald. Und sagen will ich, aber vielleicht ist das nur eine von weiteren möglichen Analogien, viele Entfernungen müssen möglich werden, und ich werde sie möglich machen, diese Bewegungen ausführen, ich spüre den Zwang, und ich bewege mich, und spüre, wie der Zwang nachlässt und wie sich zugleich der Druck erhöht. Das ist nichts Mystisches. Ich gebe mich ab mit verschiedenen Arten von Umkreisungen, verschiedenen Arten von Territorien, die sich gebildet haben, und ich spüre sie, ich werde sie verschieben, jetzt ich bin dabei, es zu tun, und anders spüre ich den Druck nicht. Der Zwang nimmt zu, und das bringt mich zurück an den Anfang, als die Angst das war, was ich hier immer noch suche, so nannte ich es, aber jetzt ist es verschoben. Ich sehe, das hat viel damit zu tun, ich frage mich, was mit den Bildern geschieht, mit dem Wald, dem Laub, der Krete, dem hellen Licht im baumlosen Waldstück, hell und weich, wenn ich jetzt schreibe, was geschieht damit. Es ist rätselhaft, aber das hindert mich nicht daran, weiterhin zu verschieben. Ich werde dort gewesen sein, ich werde es genügend genau angedeutet haben, wenn ich an einen anderen Punkt gelangt bin, was sich ergibt, wenn die Arbeit als getan eingeschätzt ist. Ich kann mich wundern über die Weichheit des Übergangs von den Bildern zu meiner Erzählung, das ist überhaupt ein Hinweis für ein Weicherwerden von vielen Dingen, und dass ich das jetzt erfahre... Ich mache also die Erfahrung dieser Weichheit, und wie stünde es wohl mit den anderen, wenn sie wüssten, wie gefährlich es eigentlich ist. Was sie wohl damit anfangen würden, mit dieser Erfahrung, und ob sie glauben würden, dass sie sie nicht mögen, weil zuviel Risiko damit verbunden ist. Oder würden sie sie mögen, das möchte ich wirklich wissen und wirklich sehen, mich würde es freuen, es vor allem zu sehen. Dies beginnt also mit wenigen Dingen und dem Druck. Laub, das Gesicht, das ich in meine Hände berge, die Angst und wie ich damals in den Wald ging, um zu weinen, den Schmerz an mir selbst zu beobachten, und ich fand eine Bühne und ich liebte die Ferne, sie machte mein Leben weich, seine Grenzen. Ich werde immer wieder erleben, wie sich die Geschwindigkeiten, die Tempi verändern, wenn ich die Bilder und das Schreiben habe und das Erinnern und das Denken, das ich so und so anstelle. Was kommt dabei heraus, beim Denken. Dass mich das nicht interessiert. Also sind die Unterschiede zwischen den Tempi nicht allzu gross, glaube ich, aber die Beziehungen zu den Dingen, die sie unterhalten, verändern sich, deshalb scheinen sie sich zu verändern. Dabei geht es sehr langsam voran, und anders könnte es nicht in Bewegung bleiben. Also wusste ich, das werde ich immer wieder gemerkt haben, dass ich langsam weitergehen muss, das wird sehr gefährlich sein für viele andere, wenn ich das tue. Alles wird sich immer verschieben, und das wird eine wirkliche Verschiebung sein. Das wird ungewohnt sein, diese Bewegung zwischen den Registern, nicht wegen der unbekannten Register, sondern weil der Wechsel so schnell und minim ist, das ist kaum nachzuzeichnen, aber es wird spürbar sein, und das war immer schon gefährlich.

Lametta

Was wird noch Sinn machen, wenn eintrifft, was unumkehrbar ist. Was wird werden, wenn es entgültig ist. Kein Bangen, sondern einfache Fragen. Vergleichbar mit der Betrachtung der Küste, die wahrgenommene Horizontale breiter als jedes Gesichtsfeld, mit dem Gerippe des Hotels, das nicht fertiggestellt wurde wegen der zu spät eingeholten Baubewilligung. Verpflichtung eines örtlichen Gesetzes. Das Gerippe oben, weich an den Rändern wie Korallen, wie von Wasser gelecktes Gestein. Zwischen dem architektonischen Skelett und dem Strand mit den Badenden, Kindern und Sonnenschirmen verläuft eine Grenze, eine Scheidelinie, ich könnte auch sagen, eine Membran, eine Membran der Zeit. Ich erkläre kurz: ein Ort, an dem zwei oder mehr Zeiten aneinanderstossen und auseinanderklaffen. Gestern dachte ich, heute würde ich schreiben, was ich mir gestern als zu Schreibendes merkte. Ich sagte: Ich werde also morgen. Was hat es genützt, es mir zu merken. Wie erscheint es nun, was zu schreiben war. Vielleicht antworten, dass meine Finger jetzt entlang der Membran gleiten, zwischen Strand und obenaufschwingendem Gebäude, die Küste abtastend. Jedesmal, wenn ich mit den Fingern die Membran berühre, scheint sich das Verhältnis von oben und unten umzukehren. So etwas hätte ich gestern unmöglich wissen können, nun beginne ich damit. Jedes Mal, wenn ich die Fingerkuppen zu hart aufsetze, knickt die Landschaft waagrecht ein, zerfällt in zwei Teile

in einer gleitend-geölten Art, eine Raummaschine, die dann leise
knackt, leise knistert wie zu trockenes Papier. Jedes Mal, wenn die
Fläche vor meinen Augen nach hinten klappt, in der Mitte nach hinten wegschlittert, wird alles blau, ob Wasser oder Himmel, weiss
ich nicht. Dazu sind wir schliesslich hier, alles wird sich hinlagern,
alles und jedes, die Pflänzchen, die Windstösse, der Sand, der Beton,
das Rascheln der Blätter und das Brüten der Sonne. Wie im Spiel ruhiger Kinder, zu gut erzogener Kinder, die für die Älteren spielen
(nicht für sich selbst), kleine Statuen nebeneinandergestellt, in quasifreier Geometrie, und jede Geste gemeisselt und jeder Blick digital.
Ab und an, im Rhythmus der Artigkeit, der gelangweilten Zufriedenheit Dösender. Müssig schlagen auch die Wellen an, der Rücken
stellt sich ihnen entgegen, die Felsformationen auch. Das Wasser
zeichnet züngelnd Linien in die weisse, fast blättrige Haut, ein von
unten nach oben Dekoratives, wie eine Goldkette um den dunkeldüstern Jungenhals, um nur ein Beispiel zu nennen. Er steht da, rund
fünfzig Meter vom Strand entfernt, im Wasser, und blickt zurück.
Hinter seinen Schultern die Gefängnissicherheit von Vergangenheit-
Gegenwart-Zukunft. Sandweicher Boden und sacht auftretende Füsse, und ein Achselzucken hat auf einmal, ich imitiere, köstliche
Folgen. Das Bild, das in der Mitte nachgab und diagonal (wie ich annehme) in den Raum zurückwich, ist reine Mechanik. In der Mitte
zurückgewichen, das heisst gefaltet, die Dynamik·eines verdoppelten
Augenlids, das von unten und von oben deckt, zu gleichen Teilen,
mit gleicher Geschwindigkeit sich in der Mitte trifft, wie das Messer
auf der Haut, genau dort, wo der Horizont liegt, also eine Narbe. Er
wird nie erfinden können, nur immer auf seltsame Art und Weise be-

schreiben (ein pathetischer Tagebucheintrag im Mai, ohne Angabe von Tag und Jahr). Wenn er schreiben sagt, hält er inne, er schreibt nicht und denkt, denkt sich eine Blume, er stellt sie sich umgeben von Insekten vor, sie fliegen hin, docken an, verweilen, fliegen weg. Die Blume sieht nicht besonders aus, irgendein Gewächs, sie verändert aber ihr Aussehen (wie wichtig ist das). Das mit der Blume, mit dem Bild der Blume, ist durchaus nicht im übertragenen Sinn gemeint. Es könnte wörtlich verstanden werden, wenigstens kann niemand das Gegenteil beweisen. Das mit der Blume tönt nach dem freundlichen Teil. Das wiederum heisst nicht, dass der andere unfreundlich ist. Die Frage stellt sich dennoch, stellt sich hier ein nach zuviel Freundlichkeit: Was wird noch Sinn machen, wenn das Unumkehrbare eingetroffen ist. Ist das eingetroffene Unumkehrbare abgeschlossen, bestimmt, letztlich verständlich, die conditio sine qua non des Sinns. Ich glaube, es macht die Sache noch unfasslicher als sie sowieso ist. Unumkehrbar... Das Gesicht des Schlafenden, des Toten oder nur Erschöpften. Je weiter die Badenden ins Meer hinausgehen, umso zögerlicher wird ihr Gang, langsamer, schwebender, vom Gegengewicht des Wassers entkörperlicht. Ich mitten unter ihnen, nur noch weiter aussen, kaum noch einer hinter mir ausser die Tiere, deren Körper nicht zu sehen sind oder vielmehr: deren Körper sich immerzu in den Schatten ankündigen, die zwischen den Wellen liegen, zwischen Wellensohle und Wellenkamm, eine Art Schleier, der vom nicht fernen Sandgrund heraufwächst. Schweben die Badenden dann im Wasser, das salzgetränkt sie in die Horizontale dreht, sie so der Küstenlinie angleicht, wo sich die Verbliebenen leichtfüssig und träge über ihren Zustand hinwegtäuschen, der lediglich ein Vorzustand ist, sie sich also an einer Lebendigkeit berauschen, die lediglich aus ihrem Beisammensein resultiert, der Art und Weise, wie sie den Raum sich bewegend füllen… Ein Kettenphänomen, die Berührung von Bällen, Händen, Rücken und Boden, Blikken, Füssen und anderem, alles zusammengeklebt an unsichtbaren Stellen. Der Blick auf die Ruine des Hotels sagt mir, dass das alles bereits Vergangenheit ist, deshalb Vorzustand. Szenerien sind Konstellationen von Pfropfungen. Um meinen Bauch oder, ein wenig später, da ich ja weitergehe und hinaus, um die Brust herum berührt mich ein unregelmässiger Kreis vieler Tropfen. Die Iris zugleich gestreift von einem Band aus Sand. Die Pupille durchstochen von verwittertem Beton, wie gesagt, ein unvollendetes Hotel. Dieses macht, dass das Jetzt ein Damals wird. Das Damals ist vorbei, deshalb kann es nicht sein, nur werden. Das ist Schreiben. Das ist so, weil das Kippen der Zeit nicht beliebig ist. Beweis: Ich nehme, vor einigen Tagen geschah es erneut, das Unaussprechliche deines Nicht-mehr-hier-Seins vorweg, den Regen auf dem Vorplatz, die dösenden Katzen, den Sprung ins warme Wasser bei Nacht (wir schwammen nackt im Fluss), allerlei Übungen, wie sich betäuben (aufgrund der Selbstquälerei), den Biss in den süss-säuerlichen Apfel, den Blick aus dem fahrenden Zug zum Horizont und darüber hinweg, wo es anfängt, sich blassfarbig aufzutürmen (Durchquerung Hollands vor einem Jahr, also hellgrau mit gleichsam staubigem, von einem versteckten Mittelpunkt her strahlendem Licht), nehme den Blick vorweg am bereits heissen Morgen von der Hochebene aus zum Ätna mit den ausgespuckten Wölkchen, das Beobachten von Gemsen im Nebel und anderes, das sich einstellen würde während des aufmerksamen Wartens, nehme Ausgesuchtes vorweg, was gewesen sein wird davor. Das ist Hoffnung. Wie mir seine Offenheit und die Olivenhaut mit dem Samtleuchten der Augen oberhalb guttut! Das ist ganz und gar das Mittelmeergebiet mit dem sanften Scirocco und der gleissenden Sonne, die den Dingen die Stofflichkeit nimmt, sage ich mir. Ich sage es und spreche vor zweitausend Jahren, was geschieht, weil die Sitzreihen des Amphitheaters eine Kurve beschreiben, und der Himmel darüber ist ohne Koordinaten. Kurven sind keine Koordinaten, die einen Raum ausloten lassen, sondern Schleudern, die Wirkung im Zeitlupentempo entfalten in Verbindung mit dem freien Himmel. Der Himmel ist nicht wirklich frei, er bleibt eine Kuppel und ist keine Sphäre. (Wer will in einem solchen Moment schon daran denken, dass die Erde durch das All kreist.) Die Kuppel also sitzt auf der Oberfläche, die ein verbranntes Feld ist oder ein See, eine Eisenkonstruktion in der Industriezone, eine leicht ansteigende, herrschaftliche Strasse (mit Gebäuden aus den 30er Jahren), ein Acker, man kann es nicht wissen, sie sind zu weit entfernt. Die Kuppel trifft aber auf, und zwar genau irgendwo. Das ist viel Raum, zu gross fürs Wissen, aber genau bestimmt im Irgendwo, so dass man sich auf den Weg machen kann. Bevor er den Wagen durch den Korridor des Zugs weiterzieht, ist er noch einmal der Platzhalter für das über den Stein rinnende Öl, für den Pinienduft, für das am frühen Morgen über die mit Tau benetzte Weide steif gehende Wild, für die feuchte Nase des in meinem Schoss atmenden Hundes, für die commedia dell'arte, die man in keiner Strasse sehen kann und die jeden Ort zum Zentrum der Welt macht (sie ist einem einzigen Menschen gewidmet, und wird von einem einzigen Menschen aufgeführt, der viele ist, was Liebe ist), für einen verwilderten Hain von Haselstauden. Er weiss, dass er ihn nie wiedersehen wird, und wo geht er eigentlich hin. Er wird fast weg sein, so wie jenes, das sich hellgelb bis blau über den Strand krümmt, und von dem ich nicht wüsste, wie ich es je Himmel nennen könnte. Denn es ist etwa so eindeutig wie das Licht in den Vorhängen aus Lametta, aber es streichelt, wenn man hindurchgeht und macht, dass es einen Raum gibt und einen anderen, eine wenigstens zarte Trennung, und was bleibt nach dem Übertritt vom anderen Raum noch zu sehen. Die Erinnerung ist also ein Glitzern. Jedes Band wird eine sein. Wenn man hinschaut, zählt man sie nicht, auch weil sie sich bewegen.

Zeit fassen

Es ist nicht schwierig zu sehen, aber es ist schwierig zu sagen. Es sind die Geschwindigkeiten, sie sind sichtbar, der abbröckelnde Verputz, ein vorbeifliegender Vogel, das Herumgehen eines Nachbarn im oberen Stockwerk, das Licht, und wie die Balkonbalustrade den Schatten an die Wand wirft, schärfer und weniger scharf, der Schatten fast transparent. Es ist nicht schwierig zu sehen, was mit all den Dingen geschieht, es ist leicht zu sehen, wie es gleichzeitig mit ihnen geschieht, ohne dass sie je zusammenfielen. Es ist da, kaum machst du dich auf zu sehen, wie es geschieht. Es ereignet sich gleichzeitig, und es kommt nicht zur Ruhe. Natürlich geschieht es, auch wenn du nicht hinschaust. Denn es ist da und bewegt sich, aber es ist schwierig zu sagen. Immer wieder setzt es ein, oft an einem sich bewegenden Ding erkennbar, oft aber nicht an Dingen, an einem Rhythmus, in Beziehung zu dem, was in Gang ist, ohne sich um alles zu scheren, was in Gang ist. Es setzt irgendwo ein und hört irgendwo auf. Bestimmte Orte. Es ist schwierig zu sagen, aber es sitzt vor dir, es sitzt in den Dingen. (Es ist am leichtesten, es den Dingen zuzuschreiben, wir sehen sie und wir wissen, es geschieht jetzt mit dem Ding und all dem, was um das Ding herum ist und was sich offen zu diesem Ding verhält... aber das beginnt, kompliziert zu werden, und in jedem Fall handelt es sich um mehr als Wissen.) Die Töne, die Geräusche zwischen und vor den Tönen, das Sich-hin-und-her-Neigen der langgestreckten Bäume, ein nicht sichtbarer, aber hörbarer Wagen, der vorbeifährt, eine in einer bestimmten Position fixierte Markise, dies gehört dazu, und es ist das Zusammenfallen und Auseinanderdriften, die Überlappung und das augenblickliche Auseinanderbrechen. Es geschieht auf diese Weise, weil vieles zusammen geschieht. Man kann sehen, was geschieht, eins nach dem anderen, aber es geht hier nicht darum, es geht hier um etwas anderes. Man sieht es, aber es ist schwierig zu sagen. Man kann versuchen, es wahrzunehmen, und das geht eine Weile gut, aber dann überkommt es einen, und man verliert es. Es ist nicht kontrollierbar, obwohl es sich nie entzieht. Aber es geschieht, und deshalb ist es schwierig zu sagen. Man wird immer wieder ansetzen müssen. Es sind die Städte, die Strassen, wie sie gelegt und geplant und gebaut wurden, es sind die Stosszeiten mit den Menschen, wie sie in den Bussen morgens und abends beisammenstehen, es ist der Fluss, und was mit ihm geschah, wie sein Lauf durch die Siedlung hindurchgeleitet wurde, und wie er an bestimmten Stellen ans Ufer und dort ans Gras stiess, und sich die Äste über den Fluss beugen, es ist das Treibstoffmuster der landenden und startenden Flugzeuge. Es so zu sagen, ist ziemlich leicht, und vielleicht müsste man es noch einmal sagen (es noch einmal lesen, und dann noch einmal schreiben). Es wäre nicht dasselbe. Klar, es ist der Raum, so wie wenn alle Dinge weiss ausgespart würden. Oder es ist der Raum, der jede Bewegung registriert und einschreibt, sichtbar, bleibend macht. Einige werden es kompliziert finden, andere nicht. Weder auf die einen noch auf die anderen kommt es an. Für sie ist der Platz schon bereitet. Immer und überall wird man es so oder so finden, das wird immer weitergehen, und je mehr man es für Verschiedenes halten wird, umso näher wird man der Sache kommen. Und genau dies ist nicht kompliziert. Put, put! Betrachtet die Hühner, betrachtet ihr sie. Und ist es nicht offensichtlich.

Vor der Landschaft stelle ich mir dich vor

Vor der Landschaft stelle ich mir dich vor, der du auf dem Hügel liegst. Nach dem Rücken, unterhalb, teilt es sich, zwei kleinere Hügel, natürlich. Als Kugeln rollen sie weiter, weiter mit ihnen meine Blicke, in eine Wohnung oberhalb der Stadt. Sie rollen in die Ferne, erneut Kugeln. Jetzt Weisses aus einem Rohr am Horizont, nach unten verjüngt, oben bereits zerdehnt und fast dasselbe Grau wie der Himmel. Deine belegte Zunge sehe ich, wenn wir im Bett aufeinanderzusteuern. Der Rauch hängt überall im Zimmer. Du zeigst auf die geschwärzten Ecken des Raumes und sperrst lachend das Fenster auf, ebenso deinen Mund. Auf dem Hügel liegst du. Meine Blicke gleiten über deinen glattrasierten Hinterkopf, bleiben lange auf den Nacken gerichtet. Das Gras ist kalt, und ich erinnere mich an die warme Stelle zwischen deinen Beinen vorherige Nacht. Du bist stumm, liegst ruhig da. Du schläfst zweimal, in zwei verschiedenen Städten, zu zwei verschiedenen Zeiten. In der Wohnung hast du etwas längere Haare, bist etwas älter. Auf der Wiese des Hügels atmest du nur Erde und Gras. Dein Zimmer bekomme ich nie zu Gesicht, du meines aber auch nicht. Meines besteht aus einem Hügel, einer Wohnung und einem unsichtbaren Luftgang, in dem ich gezielt und leicht balancierend auf und ab gehe. Die Distanzen sind enorm, was mich langsam macht, aber schneller als jedes Flugzeug. Nachdem alles zu Ende ist, versuche ich es diesmal während der Dauer einiger

Zigaretten vor deiner Tür. Bei jedem Versuch fühlt sich mein Körper wie eine zähe Masse an, die langsam wegfliesst. Dann gebe ich auf. Nicht auf dem Hügel, nicht bei dem auf dem Hügel. Du liegst ruhig da, und ich warte wie ein Jäger auf das Wild: eine Bewegung deines Körpers. Ich bin jetzt ein Adler, der über dir kreist, bereit hinabzustürzen, vielleicht mit deinen Lippen zwischen meinen Krallen. Bei dem in der Wohnung liegt ein Netz, darin sehe ich mich verfangen, der Jäger schläft dieses Mal ruhig, die Beute paralysiert. Dann erinnere ich mich, wie der Schlafende mich trainierte, mir das Fell ablöste, bis nacktes Fleisch zum Vorschein kam. Seine Träume sind stark genug, noch schlafend richtet er seine Beute ab. Unter den strengen Blicken des Meisters malt die Beute einige dünne Türme. Du kannst mich nicht daran hindern, und als sie fertiggezeichnet sind, steige ich hinauf. Du kannst meine Flucht nicht abwenden trotz der monatelangen Exerzitien und der endlosen Häutungen. Nachdem es auf dem Hügel dunkel geworden ist, kehre ich mich auch vom zweiten ab, der mich, da er mir bis in die Metro folgt, noch einmal zurückholen kann. Ich lehne vorsorglich an die gekachelte Mauer, während du mich bezirzt, denn das werde ich dir sein: unnahbar, stoss- und kratzfest. Das Telephon wirst du später als Speer benützen, ich aber kaue mit meinen gewaltigen Zähnen die Spitze jeweils blitzschnell ab, so dass du während der gesamten Zeit, ohne es zu merken, meiner Waffe ausgeliefert bist ohne Schutz. Ich spanne das Ohr zum Trichter, und du bist das Insekt, ich natürlich der Ameisenbär im Bau. Der Sand rieselt wie das Gras raschelt, als du den Fuss bewegst. Meine Hand sofort an deinem Nacken. Die Hand am Haaransatz wie fünf Küsse, allein es sind die Lippen der Augen, zusammengeknetet wie meine Gedanken, wenn ich an euch zwei denke zusammen mit mir. Wenn ich schreibe, sind wir in einer Kammer ohne ein Oben oder Unten. Alle drei nicht Besiegte und nicht Sieger. Meine Hand ist unterdessen mit deinem Nacken verwachsen und mit deinem Lachen und deiner grausamen Freude, mich hoffnungslos warten zu lassen. Nach einiger Zeit, nach verbissenem Ausharren, widerfährt es mir, dass die Gewichte abfallen. Alleine beginne ich, in der Küche zu steigen, und ich steige ein wenig mehr und schwebe, für jeden sichtbar, der durchs Fenster hereinblickt (levitatio). Du liegst auf dem Hügel, ich nur leicht über dir, was wegen der geringen Höhe kein Aufsehen erregt und wegen der filigranen, aus deiner Seite wachsenden Vorrichtung, die mich nach oben stemmt. So zehre ich von deinen Kräften ohne dein Wissen. Oder hast du dich mir bewusst ausgeliefert mit der Stärke eines nächtlichen Fischers. Nach dem monatelangen Ringen steht das Zimmer unter Wasser, statt Rauch kommen nur Luftblasen aus meinem Mund. Ich weiss, es ist die einzige Luft, die du noch atmen kannst. Ich sitze am Fenster und blicke in die Lichter der Stadt, und du hängst wie ein Aal, dich genüsslich windend, an meinem Mund. Du weisst, dass du nicht zu fassen bist und saugst weiter. Ich auch, am anderen Körper, an den Innenseiten der Schenkel, zwischen den Beinen oder linealgenau hinter dem linken Ohr zwischen Hinterkopf und Schulter. Vom erkletterten Türmchen aus blicke ich auf dich zurück, und du versuchst mich zu locken und rufst komm! komm! dein Glied in mir, sagst du, und ziehst die Beine hoch unter einer Fratze. Stattdessen ergreife ich die nächste Wolke, und während das Stöhnen und Seufzen leiser wird, segle ich hin zu den Buttes Chaumont, sehe mich unten auf einer Wiese, und ein Körper neben mir wie tot. Nach dem Fall das Krachen brechender Äste und gestauchten Laubes. Und ich komme zu mir in einem knorrigen Körper, angefüllt mit Schatten von tief unten aus der Erde, anders als der leichte Schatten der Sonne. Nun bin ich es, der die beiden Liegenden behutsam zudeckt mit dunkel gefärbtem Tageslicht von grün bis altblutrot. Dadurch wird die Vorrichtung sichtbar, ein Geflecht aus Schamhaaren, geköppelt wie der Zierat im Bordell zu Bogota und betäubend. Mit den Laubaugen schaue ich ins Loch im Stamm und sehe mich allen Rauch nach unten blasen, um die Rundungen deiner Schulter und Hüfte wie aus dem Nebel lugende Kuppen erscheinen zu lassen. Ich lande auf ihnen, gleich einer alten Krähe, irisierend wie euer Haar. Wenn ich krächze, schreibe ich, nicht unähnlich dem Echo, das Ringe in die Talluft schneidet. Im Beton der Stadt ist solches nicht möglich. Hier hat nur das Rennen Platz, dass du mich verfolgst und bekniest und zugleich mit Lügen umgarnst, dass ich mich entlang deiner Fährten durch die Hauszwischenräume schleppe, opferwillig, mit mir selbst zugefügten Wunden als letztem Köder. Hier ist mein Tun das Pferd am Zügel, und jede Erinnerung ein Peitschenschlag, der mich aufwiehern lässt. So. Hier hat nur wehrloses Liegen Platz und dass du mich den Berg zu jeder Stunde mühsam erklimmen lässt (817 Meter über dem Meer). Doch wenn ich mit der Krähe und den Türmen mich verbünde, seht euch vor, wie ihr mit dem wallenden Gischt fertigwerdet, der euch zu den Felsen treibt, sehr euch vor, wie ihr mit den brechenden Wellen fertigwerdet, die euch den Mut zu einem Leben voll kleiner Spiele austreiben wird. Erneut wechseln wir drei die Stelle, von der her die Stimme spricht. Bis die Töne und Geräusche verebben, und sich die Bilder zu festerem Material ablagern, Geröll, das mich füllt. Und sich die Glieder aufgelöst zu haben scheinen und auf unergründliche Weise überlagern, so dass jeder Schlag auch meinem Rücken gelten könnte und jede Liebkosung auch meiner Halssenke, was der jeweils anstehenden Geste als mögliche Bewegung in jede Richtung eintätowiert ist. So. Ich kann nicht verhindern, dass sich auch das Magma wieder teilt, auch wenn ich Hephaistos nachahme. So sehe ich dich nun dasitzen im Stuhl mit dem Wein in der Hand, träge hingelagert, in Unterhosen und mit geschürzten Lippen, oder zwei Sitze von mir entfernt in der Bankreihe, mit dem Blick und allem Verlangen jemandem zugewendet, der ich sein könnte, und dem dieser kleine kräftige Rücken gilt, ein im Dämmerlicht glühender Schild (Bar im Quartier Latin). Die Maschen des Pullovers über dem Rücken lösen sich und formen in Umrissen deine halbliegende Figur mit den ausgestreckten Beinen und der pathetischen Beugung des Arms oberhalb davon mit dem Wein und dem abgespreizten Finger, der mich schon damals vor den Pfeilen und anderen Wurfgeschossen hätte warnen sollen. War ich denn nicht zum Krieger erzogen, der mit zwei Jahren im eiskalten Fluss mit dem frischen Mut eines Welpen sich über Wasser hielt, ein den Tod bezwingender Klumpen aus Knochen, Sehnen und weichem Fleisch, der den Strom mit Milchduft parfümierte. War ich denn nicht die hängende Weide am Ufer, die dank all der Blätter mit dem Wind mitstenographierte, eine sanfte Technologie, die die Gedankenverlorenheit der Fische notierte aufgrund des Flossenschlags und -wedelns, und registrierte, was der Wasserläufer beabsichtigte an der Erschütterung der Wasseroberfläche, wenn er die Fadenbeine regte. Das war früher, ich weiss,

und das Älterwerden ging einher mit einer Verminderung des sensiblen Volumens, mit einer Reduktion der Anzahl kommunizierender Kanäle, geht einher mit der Verkümmerung der Taufühler und des tropfenden Glanzes. Statt dessen beobachte ich die Perlen von Schweiss über den gekrümmten Brauen, über die ihr beide mit den Fingern gestrichen habt. Ich wundere mich, wie ihr es geschafft habt angesichts der Kleinheit, der Schrumpfung und Verwitterung, wie ihr wusstest, wo hinlangen. Bewundere die gierige und genaue Apparatur, die ihr in Anschlag bringen konntet, verstandet, es geschehen zu lassen mit dem unfehlbaren Instinkt einer zum Kot eilenden Fliege. Irgendeinmal fing der eine an zu summen und zugleich der andere, ins Gras hinein und über den Wein hinweg in den Rauch, und wie auf Verabredung simuliertet ihr schöne Schlafende. Ihr kanntet die sicherste Finte, den Krieger ausser Gefecht zu setzen, als ihr die Lider senktet. Das Meer beruhigte sich jedes Mal, der Gischt verstummte, die Wellen legten sich, und ihr erhobt euch wie zwei Burgen mit weichen Mauern, an denen die Wellen leckten, Schaum verteilend wie Spielzeugdekoration, die euch zustand und vor mir verbarg. So machtet ihr mich zum suchenden Hund, der die Fährte verfolgte, die aus Haar, zwischen Geschlecht und Bauchnabel, gelegt war. Doch ihr habt die Geduld des Hundes unterschätzt, habt vergessen, eure Lager rechtzeitig abzubrechen und weiterzuziehen, und als ich euch finde, fängt mein Fell an zu wachsen und wird das Alphabet, von dem eure Augen nicht loskommen. Ich muss mich lediglich ducken, und ich krümme mich, treibe meine Wärme hin zur Haut. Das Fell wächst und wächst. Die einzelnen Buchstaben so mächtig wie Plakate und immer grösser, so weit wie Felder, und grösser, so umspannend wie südliche Himmel. Das Tier krümmt sich und schlägt mit den Tatzen gegen den Hang, trommelt mit den Pranken auf die Böschung. Die Buchstaben beginnen zu leuchten, das Licht zerfrisst eure Leiber und gibt erst Ruhe, als ihr wandelnde Transparenz seid. Das Tier sinkt in sich zusammen, der Brustkorb hebt und senkt sich. Ich erkenne euch am Geruch auch nach langer Abwesenheit: Die Erinnerungen sind nicht das Abbild gemeinsam verbrachter Zeit, keine Szenerien, sondern Fäden von Rundherum, die an den Schleimhäuten andocken und aus ihnen herausströmen, immer leicht in Bewegung. Und ich auf der Lauer, auf Abruf bereit, immer wieder einige Fäden verknüpfend. Wenn ich schreibe, sind die Fäden Tau, wenn ich sie antippe, sind sie bereits Tropfen, die kitzelnd die Finger hinabfliessen. Ich sehe ihn Schweiss lecken auf einem Hintergrund wallender Wolken (das Land unten abgeschnitten), nach oben wippender Monde, die dann nach unten aus dem Rahmen plumpsen, gefilmt mit einer Highspeed-Kamera, sehe ihn mit der Zunge an der oberen Lippenlinie entlangstreichen, auf den Rücken sich drehen in Erwartung des sich ihm zuwendenden Körpers, sehe ihn abgemagert und den Stolz des anderen und die Belustigung darüber, was die kalte Ablehnung an jenem Körper zustandebrachte, sehe ihn mit den wattigen Gliedern, als er sich, in den Buttes Chaumont, durch den zutraulichen Schlaf des anderen beschenkt fühlt. Auch wenn die Fäden sich entfernen, vermag er nicht, die Sinne von ihrem Sich-nach-oben-Schrauben zu lösen. Er glaubt, es wird nie enden, die Vewandlung der dünnen flatternden Linien im Wasser, in denen die Blätter schwimmen, auf denen er schreibt. Weide. Flosse. Die Art und Weise, wie der Wasserläufer die Oberfläche berührt. So. Es wird nie enden.

Geschichte

Sie kennen die Frage bestimmt, vielleicht haben Sie sie selbst schon gestellt, haben sie jemand anderen aufwerfen hören oder sich selbst gestellt: Worum geht es. Erstens: Die Frage ist zu stark zwischen den Lippen artikuliert, mit zu wenig Speichel, ist zu horizontal für Sie, der Sie von aussen kommen, wo Sie sich eben erst eingefunden haben, wenn sie von Lippen gepresst wird, wie ein Band Teig, das zwei Fingerflächen drücken, und das quillt. Zweitens: Es ist wie ein Vogel, dem ein Happen hingeworfen wird. Der wird auch so satt, aber ist das ein Vogel. Man müsste flattern, umhertapsen, wippen, nach unten kippen, sich im Fall auffangen, nach oben schwingen, fest mit den Flügeln schlagen und steigen, auch absacken und sich dann in die Höhe schrauben, kreisen, enger und weiter, in verschiedenen Höhen, jagen und flüchten, das heisst schneller und langsamer fliegen mit der jeweiligen Wahrnehmung und Erregung, mal mehr auf der einen Seite der Haut und dann auf der anderen, über einen See gleiten und sich den Weg durch dichtbewachsene Wälder bahnen, unten die veränderlichen Strukturen beäugen und im Beinah-Stillstand röntgen, auf dem Rücken die Wolken vorbeiziehen sehen und was dahinter ist. So geht es um vieles herum, geht näher, fokussiert und entfernt sich, rüttelnd wie die anfahrende Subway (New York, oben ein windiger Wintertag). Alle Arten von Bewegungen, also wird man rutschen, schreiten, plumpsen, flügelschlagend starten, hüpfen, tauchen und mit dem Leib die Wasseroberfläche unsichtbar besticken (Delphine vor der adriatischen Küste, genaues Datum unbekannt), auch hantieren, sich wiederholt bücken nach jeweils wenigen Schritten, werfen und auf den möglichen Rückprall horchen, das Brennen des Rauchs im Mund, eine weitere Art von Bewegung. Sich mit allen Arten von Bewegungen, die im immerzu warmen Fiberglaskörper stecken, im zwingenden Rhythmus um das herumbewegen, was sich auf bestimmte Weise so und dann so bewegt. Mit allen Arten von Bewegungen, in denen umgekehrt der Körper steckt wie eine zierlich schwebende Marionette (der kleine Unterschied, eine weitere Art von Bewegung). Am besten vielleicht sich zwischen dem Tauchen und Flügelschlagendstarten bewegen, zwischen dem Werfen und Rauchen, zwischen dem Horchen und Sichräkeln und so weiter, bis an die nächste Stelle einer mehrteiligen Bewegung, und zwar präzis, und zwar mit den Unterschieden und Zwischenräumen aufgrund der Kombination mehrerer Arten von Bewegungen, deshalb, um die jeweils zusätzlichen Bewegungen nicht zu vergeuden. Oder eher, um, was sich anfühlt, genügend zu haben für eine gespannte Zick-Zack-Linie, die eine Gerade ist im sich krümmenden Raum. Das geht uns alle an, weil wir die Frage (siehe oben) kennen, sie jemandem gestellt haben, jemand anderen haben stellen hören, uns selbst gestellt haben (das gleiche in allen Zeitformen, also auch jetzt oder in Zukunft). Es geht uns alle an, das ist zu zeigen, und ich tue es. Ich will sagen, ich tue es, wenn ich mich nicht an das erinnere, was folgen soll. Ich sage es. Erneut hinein, als liefen Sie auf Boden, den ein Erdbeben rüttelt und aufreisst. Es hilft nichts, Sie müssen springen und springen. Wann werde ich schneller und langsamer, das ist eine Frage, die ich mir wirklich stelle, der ich mich wirklich stelle wegen dieser Folge von Verzögerungen, weil man sich verheddert, wegen dem überraschenden Zusammensacken, wegen dem Ausgleiten (erneut im Winter, so wie ich ihn mir vorstelle), wegen dem Beamen, das Körper transportiert, und wie es mich zusammen mit den anderen Aspekten dieser Folge überrumpelt, was schwierig zu handhaben ist, aber sein muss, also wegen dem diagonalen Fallen (aus dem Gesichtsfeld hinaus), wegen dem zu schnellen Schweben, dem Umkippen, dem Aus-der-Haut-Fahren nach allen Seiten hin mit einer Empfindung von Ablösung wie perlende Kohlensäure. Wegen der Momente, in denen Sie wie von fremder Hand auf einen Sitz gedrückt oder weggeschubst werden. Wie soll man denn wissen, was wann geschieht und wo und in welche Richtung anschliessend. So sieht es mit Geschichte aus, ich spreche von Geschichte. Wenn du weggehst, wirst du zurückkommmen? Habe ich vor fünf Minuten, eben erst, zum letzten Mal mit ihr gesprochen. Ist der nächste Tropfen der gleiche wie der vorherige, und wohin verschwindet der erste. Wartet das Echo deiner Stimme, nachdem du über das Tal hinweg gerufen hast, irgendwo, und kehrt es wieder und in welcher Form (Einfluss auf das Wachstum der Bäume, das Wetter, auf die Geschwindigkeit meiner Lider, wenn ich die Augen schliesse, um auszuatmen und so weiter). Wer ist die Frau, die ich Mutter nenne oder der mit Vater angesprochene Mensch, wer sind die Araber, die Amerikaner, die Kurden, die Serben, die Europäer, die Arier, die Underdogs, die Idealisten, ich meine die Helden und die Heimatverbundenen, die Deprimierten, die Neurotiker, die Sanften und durch und durch Gesunden, jene, die oft die Brauen hochziehen, wenn sie um sich blicken (zum Beispiel dich anschauend), die weinen und singen, wenn sie über den Feldern den Rücken krümmen, die in den Wäldern hausen und um sich herum ständig die Explosionen hören und mit den Füssen die Detonationen spüren, was weiss ich von ihnen und der Nabelschnur zwischen uns und anderen Verbindungen, von ihm neben mir, der die Tasse gerade hebt und an die Lippen führt. Wenn ich denn etwas weiss, so (wörtlich) im Verbund mit der Zeit und dem ansichtig werdenden Raum, innerhalb und ausserhalb von mir. Ich meine die ständige Unzufriedenheit und meine Hoffnung, auch sie so. Ich meine Geschichte, besser ein Leben, und stelle mir das aufgehängte Stück Fleisch vor im Rauch, und einmal wird es gut sein. Zum Verzehr bestimmt. Aber wer um Himmels willen soll das essen. Den Rauch, die insbesondere verschiedenen Arten von Rauch, und hat sich jemand den entsprechenden Mund je vorstellen können. Was heisst: werde ich dich wiedersehen, im Vergleich dazu. Das sind Fragen, die einmal mehr über den Rand des Buches kippen. Wie das meiste sowieso oder vieles. Also sind es eigentlich Mahnungen. Die verspätete Abgabe ist aber nicht mit einem Batzen Geld wiedergutzumachen (Bibliothek). Den möchte ich sehen, der den Pult hat finden können, wie er die Schuld 'rüberschiebt, sicherlich fast mühelos über die Tischfläche, die eine beruhigende Bewegung zwischen Gleiten und Halten garantiert. Die wünschte ich mir zu sehen, die haarfein im Dazwischen verweilen. Würden sie ohne ein wenig Gleiten oder Halten auskommen, was zuviel wäre, ich meine, bereits das Wenigste davon. Unwillkürlich denke ich daran, wer die Menschen im Bus sind, wenn ich ihn nahen höre, wohin sie unterwegs sind, wen sie hinter sich lassen und zu wem sie gehen, meist mit der Sicherheit von Ohnmacht und losen Sorgen. Von hier nach da spricht sich aus wie: es wird wohl einmal vorbei sein. Ich sehe sie lachen, in Unterhaltung vertieft, sehnsüchtig blicken, müde starren, tuscheln, an die Fensterscheibe gelehnt oder seitlich an den Nachbarn, beim Lesen des Schemas der Stationen, ihre Körper verpackt, derart einfache Dinge, und wie die Nacken in allen Farben glänzen. Das lebt. Mit oder ohne Willen und Bewusstsein, ich will sagen, irgendwann kommt es schon noch oder irgendwo, aber wie Nebel im Herbst, und den sieht man auch erst, wenn man hinaufblickt oder erst, wenn man die Hügel des Emmentals erklettert oder den Jura, da frühestens, oft erst da. Als ob man bei Nebel von Sehen sprechen könnte. Wenn schon, dann noch etwas zum Fernseher. Der ist erhaben, schön aber nicht, denn die Vorstellungskraft bricht zusammen. Ich meine, wohin mit all den Bildern und Tönen, die Wassertropfen sind und zusammen Fäden oder Geraden auf den ersten Blick, so wie man es sich vorstellt, das heisst, wenn man abstrahiert. Es tun, damit es noch etwas Geometrischem ähnelt. Bilder und Töne, die stürzende Fische sind, überhängendes Geäst und Blätter und angrenzende Steine, die auch dahinter sind als Gestein, was erneut abstrahiert ist. Ich meine, wohin mit dem leibumklammernden Zögern, das einsetzt, wenn man Aborigines-Frauen beobachtet, die Eidechsen am Schwanz aus ihrem Versteck in der Erde hervorziehen, sie kurz in der Luft schwingen und dann auf eine dünne Stange schlagen, um ihnen den Hals zu brechen (Geschichte ihres Volkes, ihr rechtlicher Status, ihre Territorien, und wie sie Raum verstehen, Stichwort Songlines, ich meine, wie fühlt es sich an, wenn sie barfuss über die Steppe gehen nach dem kalkulierten Buschbrand, mit all dem im

Hintergrund). Nunmehr ist sogar die italienische RAI erhaben, ich glaube aufgrund dieses Blicks, der nicht verurteilt, nicht wertet, aber auch nicht bloss staunt. Oder so tut als ob. Auf unterschiedliche Weise schummeln, sich selbst (zuallererst natürlich) belügen und sich entziehen, nämlich den uneinlösbaren Anforderungen, so wie eben ein Wasserfall fordern kann mit all dem, was daneben, dahinter oder drinnen ist. Der Wasserfall kann, sagen wir, ein Gegenstand der Erfahrung oder im Fernseher sein, wo er davor, innen drin und daneben ist oder nach oben fliesst, was sich denken lässt. Sagen Sie mir, ob es sich ereignet oder auch nicht, ich frage nur aus Neugierde, weil ich Sie hier vorfinde. Ich berücksichtige es, und das ist Leben. Wobei dazugehört, dass der Wasserfall einmal verschwunden sein wird. Eine Sache der Ahnen, ich meine, wenn es hinausschlittert über jeden noch so ausführlichen Stammbaum hinaus, eine Sache zukünftiger Völker, die etwas von mir in sich tragen, bis hinein in den molekularen Bereich, eine Sache von umgeschütteter Zeit (Sanduhr). Ob sich das denken lässt. Sagen wir, das ist Geschichte, was herabrieselt aufgrund der Frage: Worum geht es. Das war einiges dazu. Ziemlich genau einiges dazu, nicht wahr.

Englische Miniaturen

Start telling something, specifically something, as in the coordination of a tree's leaves in the wind, something specific undoing itself. Telling and teaching soft cracks, reaching forward to something and learning. Speaking as in hearing the tree, or anything, but specifically something related to something and always more, as in the common laughing of two people. Something serene, something cutting, beginning to endure one black thing leading to another and yet another, going on, even when filled with blackness. That is beginning and ending, together, specifically one thing and the other, always joined, better joined in long waiting and in nervously waking. That is perception and doing. That is becoming something when afraid of undoing, right?

After long thinking there will be shivering. I believe there always will. Empathy, as when you exactly follow the words of a dog praying learning to know his history. As when you follow his course and run. After running there will be speaking and after following there will be writing. Hearing will be speaking with writing, as is clear after some time to all those who run and pray. It will be clearly there, formed like sounds of a body shivering. When speaking to red stains and embraces, when hearing the path and the ruin, you will be writing as in the flight of a mad bird. The flight will be thinking, never safe from falling which means getting along with air and space and death. Death will mean knowing to hear and write. It will mean having done it lightly, lightly.

Differently said, differently put, differently spread for some for many and others. Those doings, all as always for a noday nowadays ever lessening as in mild rain. Different rain everytime falling apart in so many drops dripping channelling their solitude firmly chiseled aloneness. Being too many, filling nothing. Doings.

We put something there, then nearer to there, above it, beyond, under and below it. Enjoying the struggling with putting. With a little fever and then more, nearer and nearer. Chamber, waiting room, shower cell, not perceivable, quite handsome. Some passion too, adding it by putting something closer to something. All the while becoming smaller, little by little gaining little ways out. Promenade you say?

She has always cherished shadows because they are furs. This means touching from every distance. She has always feared glaring hedgehogs with lost spines. This means not seeing. This and that joined while, say, listening to her father, telling of the dangerous river and the hidden pikes and lying. They joined more and more when he was shifting from quite old to very young and back while telling. This meant time becoming visible and dark zones. She was living on both sides of the skin then, her own and his, which she is doing with all and all people and things and the future ones mixed with those of the past. This is herself strolling with furs and hedgehogs, fearing and loving when listening and telling. Are you here, too, trying to find out about shadows and spines glaring. Another joining now with you doing the job of touching and seeing or not. Could we call it hope, I wonder.

P.S. (Self-Portrait)

                Jumping over little bruises and smelling the rising mountains beneath

                                      Glancing underneath petty movements
                                      where one might find leaves lying and sorrow

                                                                                    Travers

A little construction in the smelly shadow
lifting one lover unaccountably above the other's sleep

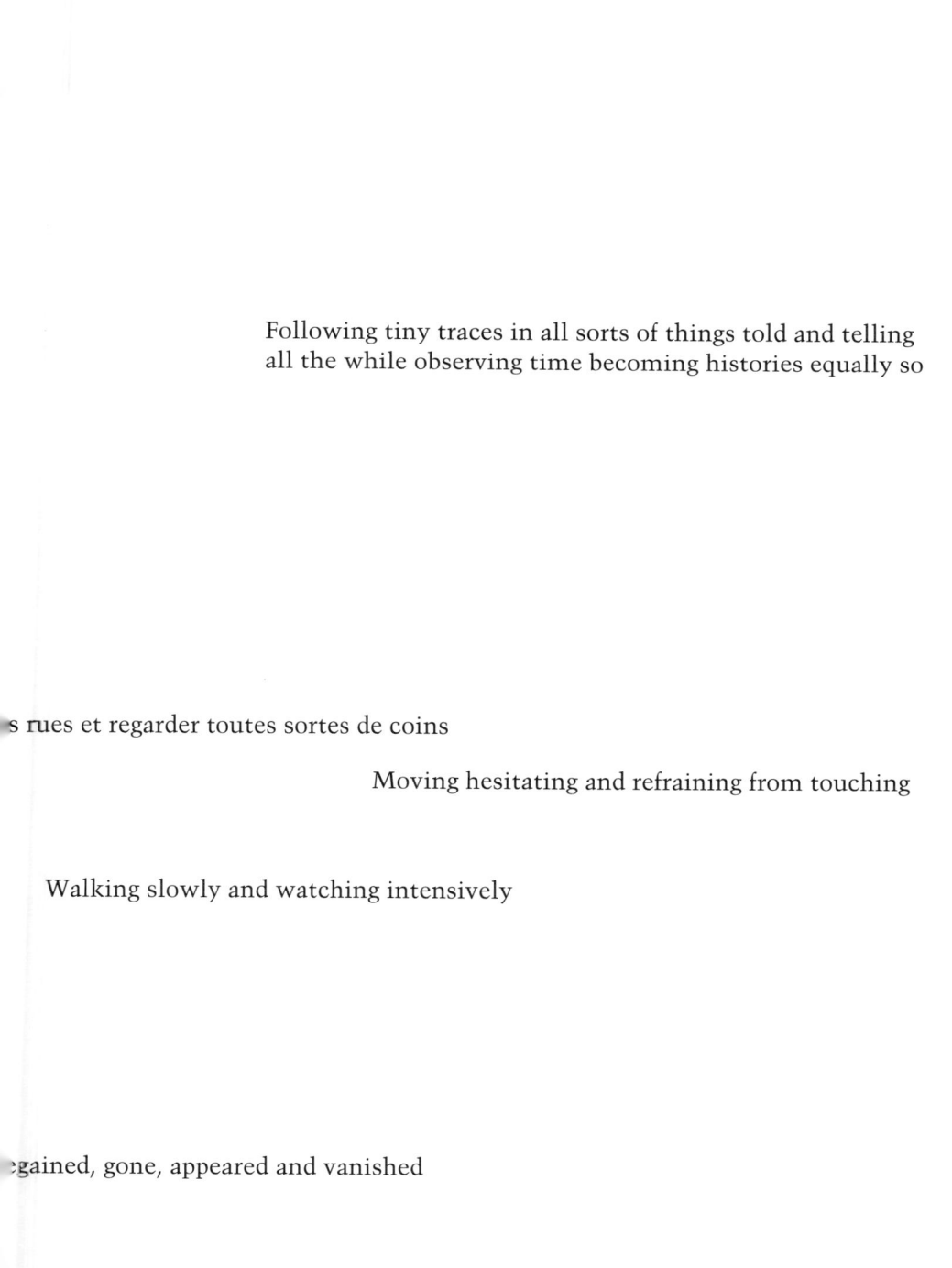

Following tiny traces in all sorts of things told and telling
all the while observing time becoming histories equally so

s rues et regarder toutes sortes de coins

                        Moving hesitating and refraining from touching

Walking slowly and watching intensively

gained, gone, appeared and vanished

Inhalt

Erzählungen
70er Jahre   7
Eine kurze Geschichte der Unruhe   13
Lido   21
Lunarama   27
Ich gehe im Wald   33
Lametta   39
Zeit fassen   45
Vor der Landschaft stelle ich mir dich vor   49
Geschichte   59

Englische Miniaturen   65
P.S. (Self-Portrait)   76

S. 17 Bernard Voïta Sans Titre, 1998
S. 28-29 Vittorio Santoro Untitled (Wire with Shadow), 1997

Daniel Kurjaković, 1970 in Olten geboren, studierte Kunstwissenschaft, Slavistik und Philosophie. Während des Studiums begann er Texte über zeitgenössische bildende Kunst zu publizieren (Neue Zürcher Zeitung, Kunsthalle Zürich, Kunsthalle Bern, Castello di Rivoli,Turin, Museum of Installation, London u.a.m.). Seit 1991 lebt Daniel Kurjaković in Zürich. Er ist als Publizist, Kurator und Dozent tätig und leitet den Projektverlag MEMORY/CAGE EDITIONS mit. Mit der vorliegenden Sammlung von Texten wird zum ersten Mal schriftstellerische Arbeit von ihm veröffentlicht.

Daniel Kurjaković dankt herzlich für die grosszügige Unterstützung:
Markus Bucher für die Schrift Flacker, Heinz Bürki, Sibylle Christen, Kaspar Keller,
Saladin Kurjaković, Jos Näpflin, Vittorio Santoro, Bernard Voïta.

©1998 MEMORY/CAGE EDITIONS

Alle Rechte vorbehalten. Nachdrucke jeder Art nur mit schriftlicher Genehmigung der Inhaber der Urheberrechts, ausgenommen Besprechungen.
All rights reserved. No part of this publication may be reproduced in any form without prior permission in writing from the copyright owner, except by a reviewer who may quote brief passages in a review.

English proof-reading: Sibylle Christen
Design and typography: MEMORY/CAGE STUDIO
Lithography: Salinger AG, Zürich
Printed by Druckerei Robert Hürlimann AG, Zürich
Texts ©1998 by Daniel Kurjaković
Photographs ©1998 by Vittorio Santoro
Photograph ©1998 by Bernard Voïta
Publication ©1998 by MEMORY/CAGE EDITIONS

First Printing

ISBN 3-907053-01-X
Printed in Switzerland

MEMORY/CAGE EDITIONS, Anwandstrasse 7, Postfach 1923, CH-8026 Zürich
T/F (41 1) 241 04 45, e-mail: mail@memorycage.com
website: http://www.memorycage.com

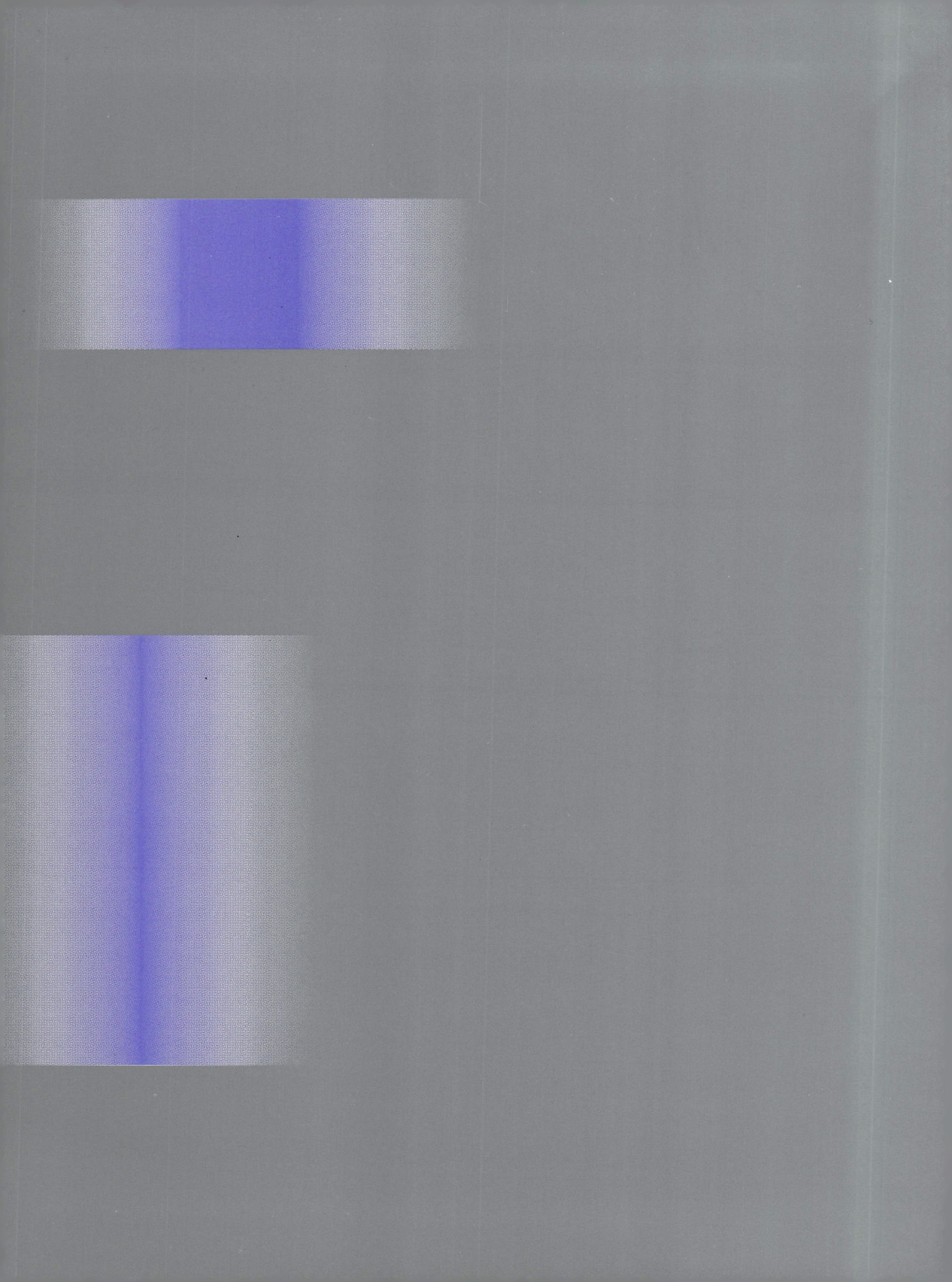